경영학원론

(Principle of management)

지은이 **강민효**

현재 부산외국어대학교 아시아대학(인도지역통상)에서 강의를 하고 있으며, 국립부산대학교에서 국제통상석사와 박사를 받았으며 국립부경대학교에서 경영학사를 받았다. 또한 영국 University of Westminster에서 Diploma in Business English를 받았다. 경력으로 해외 마케팅 및 해외영업을 독일기업(Continental Group)과 이태리기업(USCO Group) 등에서 약 20년간 경험을 바탕으로 현재 부경테크상사를 창업하여 e-business와 무역업을 운영하고 있다. 또한 미래경영경제연구원에서 글로벌 경제 및 경영에 관한 연구영역을 넓히고 있다. 2022년 1월에 Best paper award(International Academy of Global Business and Trade)를 수상하였다.

주요 저서로 『스마트 국제무역실무』(2021), 『국제 마케팅』(2021) 등이 있으며, 해외 SSCI 게재 논문으로 "Supply chain resilience and operational performance amid COVID-19 supply chain interruptions"(2022, Journal of Growing Science), "The effects of dynamism, relational capital, and ambidextrous innovation on the supply chain resilience of U.S. firms amid COVID-19"(2022, Journal of Operation Supply Chain Management), "Building Supply Chain Resilience and Market Performance through Organizational Culture: An Empirical Study Utilizing the Stimulus-Organism-Response Model"(2022, Journal of East Asian Trade) 등이 있다.

경영학원론

© 강민효, 2022

1판 1쇄 인쇄_2022년 05월 15일
1판 1쇄 발행_2022년 05월 25일

지은이_강민효
펴낸이_양정섭

펴낸곳_경진출판
　　　등록_제2010-000004호
　　　이메일_mykyungjin@daum.net
　　　사업장주소_서울특별시 금천구 시흥대로 57길(시흥동) 영광빌딩 203호
　　　전화_070-7550-7776 　팩스_02-806-7282

값 15,000원
ISBN 978-89-5996-876-3 93320

경영학원론

(Principle of management)

강민효 지음

감사의 글

글로벌경제는 COVID-19 바이러스의 창궐로 인해 회복불가의 깊은 충격을 접하고 있다. 불확실성이 높아지고 비효율성이 나타나고 있는 상황에서 기업들은 효과적인 경영이 더욱 요구된다. 따라서 현실적으로 실효성 있는 경영을 운영하기 위해 디지털과 친환경적인 경영이 절대적으로 필요하다. 국내 및 해외시장에서 지속적 성장역량을 갖추기 위해 기업은 끊임없는 혁신과 효율적인 경영기법을 학습해야 한다. 만약 기업이 변화되지 않고 더욱 효율적인 경영을 구사하지 않는다면 기업은 지속적으로 성장할 가능성이 현저히 낮아진다.

현재의 중요한 시점에서 저자는 다국적 글로벌기업에서 해외영업을 직접 수행한 20여 년간의 경험과 온라인 사업의 운영을 바탕으로 최신의 경영기법의 트렌드를 소개하고 이론적인 내용을 추가하여 경영학원론을 저술하였다. 또한 경영의 요소를 이루고 있는 다양한 분야를 한 책으로 엮었다. 즉, 경영의 기본요소인 기획 및 전략, 생산, 품질관리, 인적자원관리, 마케팅, 회계 및 재무관리까지 전 경영의 핵심 요소를 총괄적으로 다루었다. 이 책을 통해 기업의 경영진, 실무진과 학습자들에게 혁신하고 있는 기업의 다양한 경영사례와 이론을 제시하여 실질적인 도움을 줄 것으로 예상된다.

이 책은 저자가 경영 일선에서의 실전 경험을 바탕으로 이론적인 내용을 알기 쉽게 저술하였다. 또한 국내외 경영혁신과 트렌드에 대해 관련 사례를 언급함으로써 독자들의 혜안을 넓히는 데 도움이 되고자 노력하였다. 글로벌경제의 끊임없는 변화와 불확실성이 한없이 높아지는 상황에서 선도 기업들과 경영 이론가들의 혁신적 운영이 중요한 시점에서 실전과 이론을 함께 저술한 책을 출간하게 되어 큰 보람을 느낀다.

인생의 고비마다 늘 선한 길로 인도하시는 하나님께 감사합니다. 그동안 기도해 주시고 도와주신 믿음의 동역자들께 감사의 인사를 드립니다. 또한 늘 곁에서 온 마음으로 응원해 주는 가족들에게 지면을 빌어 감사의 말씀을 전합니다. 마지막으로 이 책이 나오기까지 많은 기여를 해 주신 경진출판 양정섭 사장님께 다시 한번 감사의 인사를 드립니다.

저자 강민효 씀

글로벌사회에서 기업이 살아남기 위해서는 효율적인 경영과 혁신적인 변화가 필요하다. 기업의 효과적인 경영운영과 혁신적 경영은 기업의 장기적 관점에서 시장에서 생존능력과 지속 가능한 경쟁 우위를 향상시킨다. 또한 현재의 COVID-19 팬데믹 상황에서 기업은 전 경영 분야에서 새로운 방식으로의 혁신적 전환이 절대적으로 요구된다.

새로운 물결로서 글로벌경제는 글로벌공급사슬로 더욱 연계되고 있다. 따라서 기업의 물류와 판매 방식은 더 강화된 디지털화와 쌍방향 실시간 공유되는 형태로 급변하고 있다. 이러한 이유로 기업은 글로벌경제를 이해하고 경쟁 우위를 확보하기 위해 기존의 경영 방식을 넘어서 혁신적 방식의 경영을 더욱 가속화해야 한다.

효율적 경영을 통해 기업은 우수한 인재를 채용하고 훈련하여 미래의 기업 자산을 만들어낸다. 또한 효과적인 경영은 기존의 생산과 품질 운영의 문제점을 찾아서 개선된 운영 방식을 도출하게 한다. 또한 경영의 핵심 요소인 회계와 재무관리는 객관적으로 기업을 진단하게 하고 현재 문제를 넘어서 나아갈 방향을 잡게 해 준다.

더욱이 기업은 점차 확대되고 있는 복잡하고 다변화된 국내와 해외 시장으로 효과적으로 판매를 신장시키기 위해 시장에 맞는 전략을 수립하고 구사하는 것이 필요하다. 이것을 위해 기업의 마케터는 시장별로 경제적, 사회문화적, 정치적 및 법률적 환경을 종합적으로 진단하고 조사해야 한다. 이러한 환경 분석을 바탕으로 기업의 마케터는 시장을 세분화하고 목표시장을 신중하게 선정한 후 시장에 가장 적합한 포지셔닝 전략을 수립해야 한다. 다시 말해서 마케터는 마케팅 전략 수립을 위해 연관된 정보를 제대로 분석하고 시장에 맞는 적합한 전략을 구축해야 한다.

날로 글로벌화와 불확실성이 증가하고 있는 현재의 영업환경을 고려할 때 경영을 학습하고 철저히 이해하는 것은 기업의 경영진, 실무진 또는 예비경영자(창업자)에게 필수적이다. 이러한 부분을 봤을 때, 이 책은 기업의 경영진, 실무진 또는 창업을 준비하는 예비경영자(창업가)에게 많은 도움이 될 것이다. 또한 이 책은 실무적인 내용과 사례를 바탕으로 경영의 고전 및 현대 이론까지 함축하고 있어 대학에서 교재로 활용될 수 있다.

이 책의 구성은 1부에서는 경영의 기본 개념을 다루고 있으며 2부에서는 경영학의 발전을 설명하였다. 3부에서는 기업경영의 과정을 저술하였으며 4부에서는 기업경영의 기능별 개념을 세부적으로 설명하였다. 마지막으로 5부에서는 최근 글로벌경영이슈를 다루었다.

이 책이 가지고 있는 차별성은 다음과 같다.

첫 번째, 경영의 최신 경영이슈와 혁신적 경영 방식을 소개하였다. 두 번째, 각 부의 내용에 맞는 실제 경영사례를 제시하여 난해한 이론에 대해 학습자들이 편하게 이해하도록 구성하였다. 세 번째, 종합적인 경영 기능별 개념을 세부적으로 서술하였다. 네 번째, 각 부의 마지막 페이지에는 토의문제와 중요한 내용을 요약 및 정리하여 효과적인 학습이 되도록 하였다.

따라서 이 책에서 서술된 종합적이고 실질적인 내용을 통해 실무적으로 기업의 글로벌마케터에게 도움이 될 것으로 예상된다. 또한 마케팅 이론과 각 핵심 내용에 대한 개념 설명으로 학문적으로 공헌을 할 것으로 예상된다.

이 책에 중요한 영향을 미친 저서는 다음과 같다. Pride, W., Hughes, R. & Kapoor, J.(2019), "Foundations of business",Cengage learning Inc.; Nickles, W., McHugh, J., McHugh, S.(2019), "Understanding business", 11th edition, McGraw Hill Education.; Stephen, R., Coulter, M., & Cenzo, D.(2020), "Fundamentals of management", Pearson Education Ltd.; Pride, W., Hughes, R. & Kapoor, J.(2019) "Foundations of business", 6th edition, Cengage Learning Inc. 등이다. 많은 신문, 인터넷, 학술지 등에서 관련 경영사례를 참고하였다. 이 책은 학문적인 고전과 현대 이론도 내포하고 있어 대학교재로서도 사용이 될 수 있을 것으로 기대한다. 더불어 경영의 최근 이슈와 변화되는 경영트렌드에 대해 관련된 내용과 동시에 서술되었기에 독자와 학습자들에게 의미 있는 지식전수가 될 것으로 기대한다.

이 책에서 언급된 경영의 개념과 각 경영의 기능별 세부사항은 기업의 경영진, 실무진 및 예비경영자(창업자)가 심도 있게 학습함으로써 급변하고 있는 불확실한 비즈니스 상황에 효과적으로 대응하는 데 실질적인 도움이 되기를 기대한다. 또한 현재 기업의 문제를 진단하고 개선을 위해 고려해야 하는 사항과 분석 방법을 습득하여 기업의 혁신과 성장을 이루기를 응원한다.

금정산 기슭에서

저자 강민효

제1부 경영의 기본 개념

제2부 경영학의 발전

제3부 기업경영의 과정

제4부 기업경영의 기능별 개념

제5부 최근 글로벌경영이슈

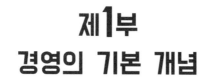

제1부
경영의 기본 개념

제1장
경영이란?

1. 경영의 의의

세계화의 물결 속에서 기업이 처한 상황은 매우 복잡하고 어렵다. 또한 치열한 경쟁을 이겨내고 지속적인 성장을 달성하는 것은 기업에게 가장 난해한 과제이자 핵심적인 활동이다.

기업에 있어 경영은 현재의 상황을 인식하고 개선함으로써 현재보다 더 효율적이면서 효과적인 활동을 수행하는 것이다. 즉, 기업의 현재 상황을 정확하게 파악하고 기업 구성원들과 함께 문제를 개선하고 효율적이면서도 효과적인 방식으로 운영하는 것이다.

위키피디아Wikipedia에서는 경영management을 다음과 같이 정의하고 있다. "Management is the administration of an organization, whether it is a business, a not-for-profit organization, or government body. Management includes the activities of setting the strategy of an organization and coordinating the efforts of its employees (or of volunteers) to accomplish its objectives through the application of available resources, such as financial, natural, technological, and human resources." 이것을 해석하면 다음과 같다. "경영은 조직이 기업, 비영리 단체 또는 정부 기관이든 간에 조직의 관리를 의미한다. 경영은 조직의 전략을 설정하고 재무활동, 기업고유자원, 기술 및 인적 자원과 같은 가용 자원의 적용을 통해 목표 달성을 위한 직원(또는 자원봉사자)의 노력을 조정하는 활동들을 포함한다."

다시 말해서 기업에 있어서 경영은 기업의 목표를 효과적이면서, 효율적으로 달성하기 위해 수립하는 전반적인 전략과 운영들을 총체적으로 포괄하는 개념이다.

2. 경영의 목표

기업이 경영활동을 통해 얻을 수 있는 것은 상당히 다양하다. 그 다양한 목표 가운데에서 경영의 개념적인 목표는 아래와 같이 몇 가지 나타낼 수 있다.

1) 효과성 확보

경영의 목표를 핵심적으로 규명하는 것은 크게 유의미하다. 기업 경영에 있어 기업이 목표하는 바를 실제적으로 달성하는 것을 효과성이 있다고 본다. 즉, 기업의 경영활동을 통해 소기의 목적을 달성한 경우에 효과성이 있다고 판단하는 것이다. 예를 들어 구체적으로 기업이 2020년도 매출을 100억원을 달성하기 위해 경영활동을 한 결과 최종적으로 해당년도에 이것을 초과 달성한 경우에 그 경영활동의 효과성이 있다고 해석한다.

2) 효율성 확보

기업의 경영에 있어서 또 하나의 중요한 목표 중에 하나는 효율성을 확보하는 데 있다. 즉, 기업의 경영활동을 통해 현재의 운영을 개선하여 경영활동의 성과가 향상되는 경우에 효율성이 있다고 판단한다. 예를 들면, 한 기업의 생산량이 연간 1,000개라고 가정해 보자. 만약 경영활동의 개선으로 같은 조건하에서 연간 생산량이 1,500개로 증가하였다면, 기업의 경영활동이 효율적으로 운영되었다고 본다.

3) 지속적 경쟁 우위

기업이 처한 환경은 결코 쉬운 대상이 아니다. 여러 경쟁자들의 도전과 신규진입자들의 끊임없는 경쟁환경은 기업을 매우 어려운 상황으로 몰아간다. 이러한 상황에서 기업은 같은 제품 또는 서비스를 제공함에 있어서도 다른 전략을 취함으로써 시장에서 경쟁 우위를 확보할 수 있다. 다시 말하자면, 기업과 동일한 시장에서 제품(또는 서비스)을 공급하더라도 경쟁자와는 전혀 다른 경영활동인 전략적 포지셔닝을 통해 차별화를 실현할 수 있다. 이를 통해 기업은 경쟁자보다 더 나은 경쟁력을 확보하게 된다.

기업은 지속적인 경쟁 우위를 달성하기 위해 차별화된 경영의 형태를 추구함으로써 시장에서 경쟁력을 확보하는 것이 중요하다. 이는 경영을 하는 근본적인 목표이다. 그러므로 경쟁자와 다른 전략적 포지셔닝은 기업에게 상대적으로 핵심적critical 경영활동이 된다.

3. 경영 기능

경영은 기업의 전반에 걸쳐 이루어지는 총괄적인 의미를 가지고 있기 때문에 그 기능은 사업 전체의 운영을 담아내는 활동이다. 경영 기능은 아래와 같이 4가지의 간략한 개념으로 정리 가능하다.

1) 계획

기업이 미래에 나아갈 방향을 설정하는 것은 기업의 생존을 좌우할 수 있는 중대한 문제이다. 이러한 점에서 기업은 향후 진행할 사업에 있어 계획을 수립함에 있어 경영management이 중요한 수단으로서 기능을 한다.

만약 경영의 시작이라고 할 수 있는 계획planning 단계에서 충분히 검토되지 못하거나 잘못된 방향으로 설정된다면 기업의 미래성장성과 안정적인 수익구조 확보가 사실상 어렵다. 그래서 기업의 계획 단계에서는 철저한 현재의 상태를 분석하고 시장에서 활동하고 있는 경쟁자를 이해하고 소비자의 행동을 파악해야 한다. 이러한 자료를 바탕으로 기업은 기업 형편에 맞는 적합한 계획을 수립해야만 한다.

2) 조직화

기업은 내부의 경영자들의 치열한 논의를 거쳐 수립된 계획을 바탕으로 기업의 조직을 구성하게 된다. 기업의 계획된 목표를 달성하기에 적합한 조직을 찾아 실현시켜야 한다. 즉 기업의 목표가 변경된 경우에 현재의 조직으로는 목표를 달성하기 어렵다고 판단된다면 기업의 경영자는 조직시스템을 다시 설계해야 한다.

기업이 만약 전혀 새로운 사업으로 진출하고자 계획을 수립하였다고 가정하자. 당연히 현재의 조직구조로는 신규 사업을 성공적으로 수행하기 어렵다. 이러한 신규 사업에 적합한 조직구조로 전환해야 하고 적합한 인재를 배치하고 시스템도 그것에 맞도록 재설계해야 한다.

위와 같이 조직화organizing는 인적인 부문만 포함하는 것이 아니라 기업의 운영시스템, 업무절차, 기업문화 등의 다양한 분야까지도 광범위하게 포함한다.

기업의 조직화에 필수적으로 고려해야 하는 부분이 다양한 분야와 요소까지도 포함하는 것이다. 그러므로 신규 계획을 수립할 때 선제적으로 실현 가능성 여부와 조직화에 있어서 기업에 적합한 계획인지도 주도면밀한 고려가 반드시 수반되어야 한다. 만약 이러한 부분을 간과한 경우에는 계획된 목표 달성은 어려워진다.

3) 지휘

기업의 목표를 수립하기 위해 계획 활동을 거치고 난 후 조직화의 과정을 완료하게 된다. 여기에서 중요한 단계가 뒷받침되어야 최종적인 목표가 달성될 수 있다. 이 단계는 실천하는 단계로서 지휘leading이다. 예를 들어 오케스트라 연주에 있어서 악보(계획)가 준비되어 있고, 오케스트라 연주단원(조직화)이 잘 조직되더라도 지휘자가 핵심적인 역할을 하는 것이다. 다시 말해서 기업의 계획과 조직화가 아무리 세련되고 전문적으로 설계되어 있더라도 실천단계로서 지휘가 제대로 되지 않는 경우에는 기업의 목표를 달성하기 어렵다.

기업 경영에서 지휘는 조직구성원들과 원활한 소통과 동기 부여를 시켜 자발적으로 구성원들이 자기의 역할을 적절하게 수행하도록 지원하는 것이다. 경영자가 단독으로 전체 업무를 수행하기 어려우며 전체 구성원들의 협력과 동기 부여가 선행되어야 하는 것이다. 그러므로 실천단계로서 지휘는 경영의 기능 중에서 핵심적인 활동임과 동시에 다양한 요소가 복합적으로 작용하는 것이다.

경영학을 학습하는 이유는 이러한 훌륭한 지휘자를 양성하는 데

〈그림 1〉 Herbert von Karajan(헤르베르트 폰 카라얀)
(출처: https://www.deutschegrammophon.com/)

있다. 조직구성원들과 화합하지 못하고 일방적인 방식을 고집하거나 동기 부여를 방해하는 경영자는 적합한 지휘자로 보기는 어렵다. 그러므로 이 책의 내용이 훌륭한 경영자로서 갖추어야 하는 여러 가지 소양과 기본지식을 갖추는 데 도움이 되었으면 하는 바람이다.

4) 통제

기업의 계획된 목표를 달성하기 위해 기업의 모든 역량을 총집결하여 실행한 결과가 최종적으로 연말에 도출된다. 이러한 과정은 모든 기업에 동일하게 적용되는 것이다.

기업의 실적은 다양한 정보를 내포하고 있고 의미하는 바가 상당히 많다. 기업의 경영자는 도출된 실적 자료를 바탕으로 조정이 필요한 부분이 있는가 아니면 개선을 요구하는 점이 있는가를 찾아야 한다.

통제controlling를 정확하게 수행하기 위해서는 성과의 표준을 명확하게 수립해야 한다. 성과의 명확한 기준이 없는 통제활동은 자칫 구성원 내부 반발과 의욕저하를 가져오기도 한다. 그러므로 통제 행위는 신중한 기준과 방법으로 이뤄져야 한다. 만약 너무 과도한 통제 실행 또는 부적절한 통제는 오히려 역효과를 불러올 수 있으므로 경영자의 통제 방식과 기준은 상당히 절제되고 그 조직과 상황에 적합한 방식으로 실행되어야 한다.

제2장
기업

1. 기업의 개념

기업은 과연 어떤 곳인가? 기업을 막연하게 인식하는 것보다는 더욱 분석적이면서도 세부적으로 파악하는 것은 실용적인 측면과 학문적 측면에서 유의미하다. 기업의 개념을 설명함에 있어서 미시적 관점과 거시적 관점으로 구분 가능하다.

1) 미시적 관점

(1) 생산지향시스템으로서 기업

1976년 노벨경제학상을 수상한 밀턴 프리드먼^{Milton Friedman, 1912~2006}은 기업의 존재목적은 수익을 극대화하는 것이라고 했다. 기업은 투입되는 자원인 노동력, 자본, 원재료를 활용하여 효율적으로 생산함으로써 수익을 극대화하는 것이다. 이를 통해 시장의 소비자에게 제품

〈그림 2〉 Milton Friedman

과 서비스를 팔아서 수익을 남겨야 생존이 가능하며 존재 이유가 있는 것이다.

(2) 고객지향시스템으로서 기업

경영학의 창시자로 불리는 피터 드러커^{Peter Druker, 1909~2005}는 기업의 역할은 고객을 창출하는 것이라고 주장하였다. 다시 말하자면 기업은 재화와 자본, 노동력 등을 투입하여 제품과 서비스를 시장에 출시하면 시장에서 해당 제품과 서비스를 요구하는 고객이 나타나게 되어 기꺼이 소비한다는 것이다. 그러한

〈그림 3〉 Peter Druker

과정을 거쳐 자금은 다시 기업에게 돌아가게 되어 건강한 순환관계를 이루게 된다고 하였다. 기업이 시장의 필요에 따라 적합한 제품 또는 서비스를 제공하면 필요로 하는 고객이 생겨나게 되어 상호 연계되어 기업도 성장할 수 있게 된다고 본다. 물론 이 과정에서 고객의 욕구가 만족되어 시장에서 필요한 제품 또는 서비스를 얻게 되어 욕구가 충족되는 결과를 가져온다.

(3) 인간지향시스템으로서 기업

인간지향시스템으로서의 기업은 근본적인 의미에서 기업이 인재를 개발하고 근로자의 능력을 개발시키는 것이라고 본다. 이와 같은 관점에서 주장한 학자는 앨빈 토플러Alvin Toffler, 1928~2016이다. 기업은 고용된 근로자의 능력을 개발하기 위해 교육훈련 및 인재개발 프로그램 등을 운용하여 근원적으로 인간의

〈그림 4〉 Elvin Toffler

능력을 향상시킨다고 판단한다. 또한 이러한 기업의 활동이 결국에는 인류사회의 발전에 기여하게 된다.

기업의 임무가 단지 수익을 창출하는 데 그치지 않고 고객을 창출함과 동시에 인류 사회에 기여하는 데 있다. 기업이 인재 양성과 훈련에 비용을 투자함으로써 근로자 개인의 능력이 향상되고 발전된 사고를 가지게 되어 인류 사회의 구성원들이 더욱 발전되는데 공헌하는 것이다.

이러한 관점은 기업을 협소한 시각에서 보는 것이 아니라 사회 속

에서 기업의 역할을 강조한 것이다. 사회를 구성하는 단위로서 해당 구성원 개개인이 한 인간으로서 존중되고 발전해야 하는 대상으로 여겨져야 한다. 인간지향시스템으로서의 기업은 더욱 발전되고 바람직한 방향으로 전환되어야 한다.

2) 거시적 관점

(1) 긍정적 사회시스템

거시적 관점으로 기업은 사회 속에서 존재하는 기관으로서 사회의 한 단위이다. 그것은 아주 영향력이 큰 존재가치를 보여준다. 또한 여러 가지 중요한 핵심 자원을 동시에 소유하고 있어 사회적 능력은 상당하다.

사회적으로 큰 영향력을 가지고 있는 기업이 사회에 긍정적인 시스템으로 작용하는 경우는 많다. 예를 들면 기업이 사회복지단체에 기부를 많이 한다면 사회에서 거둬들인 수익을 다시 사회에 환원함으로써 사회에 큰 공헌을 하는 것이다.

또한 불치병으로 고통을 받고 있는 소수의 사람을 해당 제품을 개발하여 공급을 하는 기업은 당연히 사회에 긍정적인 영향을 미치는 기업이다. 물론 해당 기업은 생산성이 높지 않은 제품을 공급함으로써 오히려 손실을 입게 된다. 하지만 일반적으로 기업의 이미지가 좋게 됨으로써 다른 제품 또는 사업으로 그 손실을 만회하게 된다. 소비자는 그 기업의 선의를 고마워하면서 해당 제품을 더 소비해 주고자 하는 것이다.

(2) 부정적 사회시스템

기업은 여러 사람들이 모여 있게 되는 조직이다. 또한 이익을 극단적으로 추구하는 사람들이 사업을 하는 경우도 가끔 있다. 이러한 이유로 기업이 자칫 지나친 이익 추구와 인권의 침해 및 법 위반 등으로 이어지는 안타까운 일이 일어나기도 한다.

한 예로서 한 기업이 환경오염을 예방하기 위해 추가적으로 환경개선비용을 부담해야 하는데 그 비용을 아끼기 위해 몰래 강 또는 하천에 오염물질을 흘려보내는 경우가 과거에 가끔 있었다. 이는 기업이 속해 있는 사회에 부정적인 영향을 끼치는 것이며 사회공동체에 결국 해를 끼치는 것이다. 또한 노동자의 산업재해를 은폐하기 위해 기업이 서류를 조작하거나 노동부에 정확하게 신고하지 않는 것은 사회에 부정적인 시스템으로 작동하는 것이다.

2. 기업의 종류

기업은 여러 가지 형태로 사회의 구성원으로 활동하게 된다. 아래와 같이 기업의 종류는 크게 영리기업, 비영리기업, 공기업으로 구분 가능하다.

1) 영리기업

영리기업은 원칙적으로 이익을 추구하는 조직으로 운영되는 형태를 말한다. 이는 기업의 목적이 영업활동을 통해 수익을 남겨 계속적으로 운영하는 것이다. 이러한 형태는 주식회사, 합작회사, 합명회사, 개인회사 등의 형태로 사회에서 존재하며 일반적으로 기업은 영리기업이라고 본다. 〈그림 5〉는 미국의 혁신기업들이 모인 실리콘 벨리에 있는 기업들이다.

〈그림 5〉 실리콘 벨리의 기업들(영리기업)

2) 비영리기업

비영리기업은 기본적인 의미에서 이익을 추구하는 영리기업과는 달리 공공의 이익을 위해 조직을 구성하고 있는 형태이다. 즉 병원, 학교, NGO[1] 등의 조직은 공공의 이익을 위해 구성되며 조직의 이익보다는 일반적으로 사회 구성원의 복지와 인권 등의 공공의 복리 증진을

---

1) Non-Governmental Organization: 정부기관이나 공공기관이 아닌 순수 민간기구로서 시민단체, 비정부기관, 비정부단체를 총칭하는 말이다.

추구하는 기업이다. 그 대표적인 예로서 UNESCO^{United Nations Educational,} Scientific and Cultural Organization2)가 있다.

〈그림 6〉 UNESCO(비영리기업)

3) 공기업

공기업은 국가기관이나 지방단체의 자본으로 생산, 유통 또는 서비스를 일반 시민에게 제공하는 기업을 말한다. 다수설에 의하면 공기업은 기본적으로 이윤을 목적으로 하지 않지만 기관의 운영에 필요한 운영경비는 해당 사업으로 충당해야 한다고 일반적으로 해석된다.

공익성과 공공성이 높은 거액의 자본이 요구되는 사업에 운영되는 것이 일반적이다. 그 예로서 전기를 생산하여 대중에 공급하는 한국전력, 시민에게 지하철 서비스를 제공하는 서울교통공사 등을 들 수 있다. 다음 그림은 대표적인 공기업인 한국전력공사와 서울교통공사

---

2) UNESCO는 세계적인 비영리기업으로 교육·과학·문화의 보급 및 교류를 통하여 국가 간의 협력증진을 목적으로 한다. 세계적인 유형, 무형유산 및 자연유산을 발굴하고 보존하는 일을 주로 하고 있다.

의 로고를 나타내고 있다.

〈그림 7〉 한국전력공사

〈그림 8〉 서울교통공사

3. 기업의 사회적 책임

앞서 언급한 바와 같이 기업은 사회 속에서 함께 하는 사회적 구성 단위이다. 기업이 사회에서 누리는 혜택은 매우 크다고 할 것이며 그에 따르는 책임과 의무가 당연히 있다.

최근 사회에서 기업을 바라보는 눈높이는 그 어느 때보다 높다. 기업이 사회에 보답해야 하는 충분한 이유이다. 다른 관점에서 볼 때, 사회적 책임을 다하는 기업은 상대적으로 대중의 사랑을 받게 되고 그들의 마음속에 계속적으로 소비하고 싶은 욕구가 생겨나게 된다.

예를 들어 모 기업은 목재를 이용하여 제품을 판매하는 사업을 하고 있다. 필연적으로 나무를 자연에서 베어 와서 제품을 만들 수밖에 없다. 그래서 이 기업은 자신들이 거둔 수익의 상당한 금액을 다시 숲을 가꾸는 사업에 기부하고 투자한다. 더 많은 사회적 프로그램으로 나무를 키우고 숲을 가꾼다. 이러한 복지사업에 다시 재투자함으로써 사회의 환경 문제를 해결하고자 노력하는 것이다. 이로 인해 소비자는 그 기업의 제품을 기꺼이 구매하고자 하며 그 사업에 동참한다는 생각을 가지게 되는 것이다. 그 기업은 사회적 책임을 다하는 기업으로 고객의 마음속에 깊게 남아 있게 된다.

반대로 기업의 규모가 커졌지만 사회적으로 부여된 책무를 다하지 못하는 경우에는 소비자의 따가운 시선을 면하기 어렵다. 또한 장기적 관점에서 고객의 소비는 줄어들 가능성이 높다. 이는 현대의 기업 환경에서 매우 중요한 요소로 자리 잡고 있다. 그래서 기업들은 핵심 전략으로 사회적 책임을 다하기 위해 기업에 맞는 정책을 수립하기 위해 최선의 노력을 다해야 한다.

다음의 〈그림 9〉는 대표적으로 사회적 책임을 다하는 기업인 유한 킴벌리의 사례이며 푸른숲을 가꾸는 기업으로서 사회적 책임을 다하는 것이다. 〈그림 10〉은 맥도날드가 국내 1호로 문을 연 로날드맥도날드하우스로서 양산 부산대학교병원 안에 건립하여 백혈병, 소아암, 중증장애질환 등으로 장기 입원 및 치료가 필요한 환아患兒와 가족들에게 쉼터를 제공하도록 돕고 있다. 모두 기부금과 맥도날드의 판매수익 일부의 후원으로 운영되고 있다. 자세한 내용은 다음의 기업의 사회적 책임의 사례를 참조하기 바란다.

〈그림 9〉 기업의 사회적 책임 홍보자료(유한킴벌리)

〈그림 10〉 맥도날드의 로날드맥도날드하우스(국내 1호)

기업의 사회적 책임(맥도날드 사례)

양산부산대학교병원 내 위치한 국내 1호 '로날드맥도날드하우스'가 2019년에 건립되어 운영되어 있어 장기 입원 환아惠兒와 가족들에게 반길만한 소식이다.

로날드맥도날드하우스RMHC는 국제적으로 아동복지사업을 추진하는 비영리법인이다. 68개국의 소아암, 백혈병, 중증장애질환 등의 장기 치료 및 입원 등이 필요한 어린이 환자(환아)와 가족을 위한 쉼터로 368개 하우스를 운영한다. Korea RMHC는 보건복지부 산하 재단법인으로 2007년에 설립되었다.

양산하우스는 연면적 대략 1504m^2 규모로서 2층 건물이다. 가족단위 놀이방, 객실, 세탁실, 도서관, 공용주방, 식당 등을 갖춘 주거복지시설이다. 또한 옥상과 1층 마당은 힐링 정원으로 꾸미는 등 장기간 치료로 지친 환아와 가족에게 치료에만 전념할 수 있도록 안락한 휴식공간을 제공하는 데 중점을 두었다. 만 18세 이하의 환아와 가족이 양산부산대병원에 통원 및 입원 치료를 하거나 병원에 오래 머물게 될 경우 이용할 수 있다.

한편 RMHC는 자원봉사자를 상시 모집한다. 자원봉사자는 하우스 환경관리, 이벤트 및 프로그램 진행 등의 활동을 하게 된다. 6개월 이상(주 1회 1일 최소 2시간 이상) 활동할 수 있는 만 20세 이상의 시민이면 참여 가능하다.

하우스 관계자는 "가족과 환아가 집을 떠나 생활하는 만큼 머무는 동안 내집 같은 최상의 치유공간이 되도록 운영에 최선을 다하겠다"며 "함께 만드는 특별한 기적'에 동참해줄 자원봉사자들의 적극적인 참여를 바란다"고 전하였다.

더 자세한 로날드맥도날드하우스RMHC의 재정운영과 시설에 대해서는 다음의 인터넷 주소 "https://www.rmhc.or.kr/w/main.asp"를 참조하기 바란다.

—울산신문, 2019년 06월 03일자 참조

제3장
경영자

1. 경영자의 개념

경영자는 기업 경영에 있어서 계획, 조직화, 지휘 및 통제의 전체적인 과정을 총괄하여 관리하는 주체로서 기업의 핵심 요소 중에 하나이다. 즉 기업의 미래에 나아갈 방향을 제시하는 전략 수립을 설계하고, 기업의 목표를 달성하기 위해 적합한 조직을 구성하고 실제적으로 지휘 및 통제하는 것은 기업의 사업 성패를 좌우하는 중요한 활동이다.

경영자는 기업 전체 활동을 체크하고 현재 상황을 끊임없이 관찰하고 문제점이 없는지 확인하는 것이 필요하다. 이를 위해서는 내부 직원들과 진지한 대화와 의견접수의 절차를 경영자는 마련해야 한다.

또한 외부적으로는 소비자와의 지속적인 커뮤니케이션을 통해 시장의 반응을 확인해야 한다. 기업의 경영자는 내부와 외부에서 일어나고 있는 일련의 과정과 업무 내용을 정확하게 파악하고 적절하게 대응하는 것이 필요하다.

또한 기업의 나아갈 방향을 설정하는 계획을 입안하고 기업에 적합한 조직을 구성하여 지휘를 하는 것이 핵심적인 역할이다. 이에 더하여 기업의 경영자로서 일정 기간 동안에 도출된 실적을 바탕으로 통제활동을 실시하여 개선점과 문제점을 조정 및 보완하는 것이 큰 역할 중 하나이다.

2. 경영자의 유형

경영자를 구분하는 기준은 일반적으로 소유와 경영에 의한 분류, 계층에 의한 구분, 직무 범위에 따른 구분이 있다. 아래와 같이 순서대로 파악해 보고자 한다.

1) 소유와 경영에 의한 분류

(1) 전문경영자

현대의 글로벌기업에서는 전문경영자professional manager를 고용하여 기업운영을 맡기는 것이 일반적이다. 전문경영자는 상당히 긴 세월 동안 축적된 경영경험과 체계적인 훈련을 받은 경영자이다. 여러 기업에서 다양한 경험을 통해 습득한 경영수완을 기업에 접목하여 효과적이며 효율적인 경영을 실현하는 전문가이다. 독자적으로 경영을 실현하는 것이 일반적이며 그 책임은 전문경영자가 지는 것이다.

(2) 고용경영자

회사를 최초 설립하거나 실제적으로 소유한 소유경영자가 기업이 점진적으로 성장하여 더 이상 혼자 감당하기 어려워서 고용경영자 employed manager를 고용하게 된다. 여기에서 고용경영자는 일반적으로 기업의 경영관리 기능의 일부 또는 전부를 담당하기 때문에 소유경영자와 동시에 업무를 수행하기도 한다.

고용경영자는 소유경영자의 자산 증식을 돕는 대리인으로서 경영을 수행하는 경영자이다. 고용경영자들은 전문적인 경영관리 지식과 기술을 보유하더라도 소유경영자의 이익을 대변하는 대리인이기 때문에 독자적인 경영관리와 전략을 구사하는 것은 제약이 따를 수밖에 없다. 이러한 점에서 고용경영자는 소유경영자와 전문경영자의 중간 형태라고 할 수 있다.

(3) 소유경영자

소유경영자는 기업을 실질적으로 소유하고 있는 기업가로서 출자자이면서 경영자라고 한다. 소유경영자는 기업의 투자, 전략과 혁신 등의 모든 책임을 직접적으로 부담하는 기업가이다. 일반적으로 소규모 기업의 경영자는 소유경영자이다. 하지만 대규모 기업이라고 하더라도 아직 소유와 경영이 완전히 분리되지 않은 기업들도 존재하고 있다. 선진국들의 글로벌기업들은 대부분 전문경영자가 기업을 운영하고 있어 소유와 경영이 구분되는 것이 대세이다.

2) 경영자의 계층에 따른 분류

(1) 최고 경영자

최고 경영자는 기업의 최종 의사결정을 하는 최상위의 계층에 속하는 경영자로서 기업 전체의 경영책임을 맡게 된다. 예를 들면 대표이사, 사장, 회사 등의 다양한 직책으로 불려진다.

(2) 중간 경영자

기업 의사결정 구조에서 중간단계에 해당하는 경영자로서 최고 경영자와 하급경영자를 이어주는 허리역할을 담당한다. 주로 본부장, 부장, 실장, 차장, 팀장 등의 명칭으로 일정한 권한이 부여되어 하급경영자와 직원들의 실적을 관리하고 조정한다.

(3) 초급 경영자

기업의 업무와 의사결정 구조 속에서 가장 낮은 직급에 속하나 현장 작업자들의 업무진행과 직무조정을 하는 경영자를 의미한다. 기업의 형태와 직종에 따라 매우 다르게 볼 수 있으나 일반적으로 대리, 계장, 팀원 등의 직책으로 불리며 현장작업자들의 전반적인 업무를 관리한다.

3) 직무범위에 따른 분류

(1) 총괄경영자

총괄경영자general manager는 전체 기업의 업무 범위에서 전반적인 업무를 관할하고 관리하는 경영자를 의미한다. 일반적으로 기업의 실적에 대한 총체적인 책임을 부담하게 되고 기업의 목표를 설정하고 전략을 수립하는 역할을 맡게 된다.

(2) 부분경영자

통상적으로 부분경영자divisional manager를 직능경영자라고 부른다. 일정한 부문과 영역의 경영관리를 담당하는 것이다. 예로 들면 영업, 물류, 재경 등의 해당 부서의 활동을 책임지고 업무를 관리하는 경영자를 일컫는다.

3. 경영자의 역할

1) 정보전달 역할

경영자는 기업의 정보를 가공하고 교환하는 역할을 맡게 된다. 이러한 정보 전달을 위해 경영자의 역할을 세부적으로 아래와 같이 정리 가능하다.

첫째, 관찰자monitor3)로서 기업 내부와 외부의 정보를 지속적으로 탐색하고 관찰해야 한다. 경영에서 필수적으로 요구되는 정보를 수집하여 그 정보를 바탕으로 의사 결정해야 한다.

둘째, 전달자disseminator로서 경영자는 여러 가지의 매체를 이용하여 경영활동과 연관되어 있는 정보를 다른 경영자 또는 하급 관리자에게 전달하고 전파해야 한다.

셋째, 대변인spokesman으로서 기업 경영과 관련하여 필요한 정보를 외부의 소비자들 또는 해당 부서의 직원들에게 기업을 대변하여 전달해야 하는 역할을 맡기도 한다.

2) 대인관계 역할

경영자가 수행하는 대인관계로서 역할은 다른 사람들과의 관계를 개선하거나 좋은 방향으로 유지하는 데 있다. 세부적으로 아래와 같이 대인관계 역할로서 구분할 수 있다.

첫째, 기업의 리더leader로서 기업의 구성원들의 교육훈련, 동기유발을 시키는 역할 또는 직원들의 업무조정, 통제 등의 역할을 수행하게 된다.

둘째, 교신자liaison로서 기업의 경영자는 기업의 내부 또는 외부의 고객, 공급자 등의 다양한 사람들과 원활하게 소통하고 접촉해야 하는 역할이다. 경영자는 기업의 목표를 달성하기 위해서는 필요한 경우에는 교신자의 역할을 성실히 수행해야 한다.

---

3) 책에 따라서는 '감시자'라고도 해석하기도 한다.

3) 의사결정 역할

불활실성이 증대되고 있는 현재의 글로벌경제상황에서 경영자의 의사결정의 중요성은 어느 때보다 강조되고 있다. 경영자의 의사결정자로서 세부적으로 아래와 같이 구분 가능하다.

첫째, 자원의 배분자resource allocation로서 기업의 한정된 자원을 가용한 범위 내에서 우선순위를 정해서 자원을 부서별로 또는 과업별로 최적의 자원배분을 수행해야 한다.

둘째, 분쟁의 해결자disturbance handler로서 경영자는 기업이 직접 부딪히는 파업, 급격한 공급사슬망 붕괴, 재정적인 어려움을 타개하기 위해 문제를 분석하고 해결하는 역할을 담당해야 한다.

셋째, 협상가negotiator로서 경영자는 기업을 대표하는 자로서 기업 내부 또는 외부와의 여러 가지 현안을 가지고 협상을 진행해야 하는 역할을 수행한다.

넷째, 기업가entrepreneur로서 경영자는 최우선적으로 기업의 실적을 개선시키고 미래의 기업 성장과 발전을 위해 혁신적이고 창의적인 정신으로 역할을 다해야 한다.

4. 기업가 정신

기업가 정신은 명확하게 규정된 것은 없다. 왜냐하면 그것은 정답이 없는 것일 수도 있기 때문이다. 그러함에도 일반적으로 통용되는 기업가 정신은 다음과 같은 전제요건을 필요로 한다.

첫째, 기업가는 기업의 이윤을 창출하고 시장에서 생존할 수 있는 역량을 갖도록 해야 한다. 왜냐하면 기업의 존립 목적으로서 기업이 적절한 이익을 만들고 계속적으로 영업을 영위하는 것이 핵심적인 활동이기 때문이다.

둘째, 기업가는 사회적 책임을 다해야 한다. 기업이 존재할 수 있는 것은 사회라는 울타리가 있기 때문에 존립하는 것이다. 그러므로 기업이 받은 혜택을 다시 사회에 환원하는 것은 어쩌면 당연한 활동이라고 보아야 한다. 이것이 제대로 된 기업가 정신이다.

그러면 전통적인 관점에서 바라보았을 때 기업가 정신은 미래에 대한 통찰력을 가지고 새로운 사업에 대해 혁신적이고 창의적 정신을 말한다. 이러한 전통적 기업가 정신에 더 추가하여 현대의 기업가 정신은 인재양성, 공정한 경쟁, 고객제일주의, 근로자 후생복지 및 산업보국 등의 정신을 겸비해야 한다는 견해가 일반적이다.

〈그림 11〉은 미국의 기업가 중에서 강인하고 인상 깊은 기업가 정신을 보여준 경영자는 존 데이비슨 록펠러John Davidson Rockefeller, 1839~1937이다. 미래에 대한 통찰력, 인재양성과 리더십을 보여준 경영자로서 대표적인 인물이다. 그는 미국의 대부호였으며 자신의 많은 재산은 사회에 다시 기부하여 학교, 의학연구소, 병원 등을 짓는 데 전념하였다. 전 세계 사람들에게 지금까지도 귀감이 되고 있다.

〈그림 11〉 John Davidson Rockefeller

"53세에 도전을 시작한 맥도날드 창업자 레이 크록"

맥도날드는 초보자라고 하더라도 작업 매뉴얼만 있으면 균일한 품질의 맛을 내는 햄버거를 만들도록 했다. 표준화가 맥도날드의 성공을 이끈 열쇠라면 사실 세계화, 표준화의 기준을 완성한 이는 맥도날드 프랜차이즈 시스템의 창업자인 레이 크록^{Ray Kroc}이다.

1983년 미국의 잡지 〈에스콰이어〉는 '20세기 미국인의 생활 방식에 기여한 50명'을 선정했다. 그 기사는 그중 한 명을 이렇게 설명했다.

"콜럼버스는 미국을 발견했고 제퍼슨은 미국을 건국했다. 그리고 레이 크록은 미국을 '맥도날드화'했다. 미국의 이미지를 만든 것은 컴퓨터도, 핵무기도, 예술도, 과학도 아니다. 바로 햄버거이다. 레이 크록은 미국인의 입맛을 맥도날드 햄버거로 표준화했지만 그의 진정한 공로는 이른바 '맥도날드 시스템'이라는 프랜차이즈를 창조해낸 것이다. 그는 시대의 리더이다. 이제 우주 비행사들조차 맥도날드가 필요하게 될 것이다."

맥도날드는 단순한 햄버거가 아니다. 미국 내에 무려 1만 5,000여 개의 매장, 한국에서만 1,000여 개의 매장이 있고 전 세계에 약 3만 5,000여 개의 매장이 있다. 그리고 하루에 약 7,000만 명의 손님을 맞고 있다. '맥도날드'라는 브랜드의 가치는 세계적인 기업들 사이에서도 톱10 안에 랭크되는 고부가가치 상품이다. 즉 맥도날드는 문화이고, 미국을 상징하는 것이다.

1970년 이후 전 세계는 '미국화美國化'를 열망했다. 그 첨병에 선 것은 '코카콜라', '할리우드 영화', '리바이스 청바지' 그리고 '맥도날드'였다. 맥도날드 매장이 문을 연다는 것은 바로 그 지역, 그 국가에 미국화의 뿌리가 내리는 시발점이 되는 셈이다. 이렇게 전 세계에 걸쳐 일종의 '제국'을 건설한 맥도날드. 하지만 그 화려한 바벨탑에 드리워진 그림자 또한 짙다.

레이 크록은 우리가 주목할 인물이다. 그는 맥도날드의 실질적 창업자이자, 맥도날드를 세계화한 주인공이다. 수십 년 동안 믹서기, 종이컵 영업사원으로 살던 그는 맥도날드 햄버거를 발견한 나이는 53세 때이다. 요즘에는 50대 초반이면 한참 일할 나이라고 하지만 레이 크록이 살던 1950년대만 해도 50대는 은퇴를 준비하는 나이였다. 하지만 그는 그 나이에 맥도날드의 매장 확장을 위한 프랜차이즈화, 공급과 생산의 스피디한 시스템, 품질과

맛의 세계 표준화를 구축해 '햄버거 제국'의 기초를 이룬 인물이다.

맥도날드 브랜드는 본래 햄버거 가게를 운영하던 맥도날드 형제의 이름이었다. 이를 레이 크록이 동업 계약을 통해 지금의 맥도날드로 만든 것이다. 어떻게 보면 맥도날드 형제는 그야말로 '재주만 부린 곰' 신세가 되었고 레이 크록은 맥도날드 형제의 노하우를 집어삼킨 탐욕의 비즈니스맨처럼 보이겠지만, 레이 크록에게서 발견할 수 있는 것은 '프랜차이즈와 햄버거, 그리고 패스트'의 무한한 가능성을 간파한 능력이었다. 맥도날드 형제와 다르게 그가 세계화의 주역이 될 수 있었던 것이 바로 이 차이이다.

그는 창업 이후 단 한 번도 현장을 떠나지 않은 리더였다. 그는 매일 새로 문을 연 매장의 실적을 체크하는 것은 물론, 매장의 좌석, 주방, 화장실 등을 돌며 휴지 하나 떨어진 것도 용납하지 않았다. 또한 그는 신앙처럼 믿는 것이 있다. 맥도날드 회사의 모든 방에 걸려 있는 액자에는 아래의 글이 쓰여 있다.

'인내 없이 이룰 수 있는 일은 이 세상에 아무 것도 없다. 재능만으로는 안 된다. 위대한 재능을 가지고도 성공하지 못한 사람은 많다. 천재성으로도 안 된다. 성공하지 못한 천재는 웃음거리만 될 뿐이다. 교육으로도 안 된다. 세상은 교육받은 낙오자로 넘치고 있다. 오직 인내와 결단력 그리고 끈기만이 무엇이든 이룰 수 있다.'

레이 크록은 타고난 재능보다 노력을, 많은 공부를 한 지식박사보다 현장을 뛰어다니는 실무자의 가치를 인정한 리더이다. 그가 맥도날드를 지금의 '완성품'으로 만들 수 있었던 가장 큰 비결은 인내, 노력, 도전을 기본으로 한 인재 발굴 능력, 현장을 파악하고 기업을 지휘할 수 있는 솔선수범의 헌신적인 성실성이 있었기 때문이다. 20세기 가장 논쟁적 리더 중 한 명이 바로 레이 크록이다.

—출처: 매일경제, 2017년 11월 17일자 기사 발췌

제1부 경영의 기본 개념 요약 정리

기업이 경영활동을 통해 얻을 수 있는 것은 상당히 다양하다. 그 다양한 목표 가운데에서 경영의 개념적인 목표는 아래와 같이 몇 가지 나타낼 수 있다.

첫째, 효과성 확보이다. 경영의 목표를 핵심적으로 규명하는 것은 크게 유의미하다. 기업 경영에 있어 기업이 목표하는 바를 실제적으로 달성하는 것을 효과성이 있다고 본다. 즉, 기업의 경영활동을 통해 소기의 목적을 달성한 경우에 효과성이 있다고 판단하는 것이다. 둘째, 효율성 확보 차원이다. 기업의 경영에 있어서 또 하나의 중요한 목표 중에 하나는 효율성을 확보하는 데 있다. 즉, 기업의 경영활동을 통해 현재의 운영을 개선하여 경영활동의 성과가 향상되는 경우에 효율성이 있다고 판단한다. 셋째, 지속적 경쟁 우위를 확보하기 위함이다. 기업은 같은 제품 또는 서비스를 제공함에 있어서도 다른 전략을 취함으로써 시장에서 경쟁 우위를 확보할 수 있다.

경영의 기능은 아래와 같이 다양하다. 경영은 기업의 전반에 걸쳐 이루어지는 총괄적인 의미를 가지고 있기 때문에 그 기능은 사업 전체의 운영을 담아내는 활동이다. 경영 기능은 아래와 같이 4가지의 간략한 개념으로 정리할 수 있다. 첫째, 계획의 기능을 가진다. 기업이 미래에 나아갈 방향을 설정하는 것은 기업의 생존을 좌우할 수 있는 중대한 문제이다. 둘째, 조직화organizing하는 기능이다. 기업은 내부의 경영자들의 치열한 논의를 걸쳐 수립된 계획을 바탕으로 기업의 조직을 구성하게 된다. 기업의 계획된 목표를 달성하기에 적합한 조직을 찾아 실현시켜야 한다. 셋째, 지휘의 기능을 가진다. 기업의 목표를 수립하기 위해 계획 활동을 거치고 난 후 조직화의 과정을 완료하게 된다. 여기에서 중요한 단계가 뒷받침되어야 최종적인 목표가 달성될 수 있다. 이 단계는 실천하는 단계로서 지휘leading이다. 넷째, 통제controlling 기능을 수행한다. 기업의 계획된 목표를 달성하기 위해 기업의 모든 역량을 총집결하여 실행한 결과가 최종적으로 연말에 실적이 도출된다. 이러한 과정은 모든 기업에 동일하게 적용된다.

기업의 개념을 설명함에 있어서 미시적 관점과 거시적 관점으로 구분 가능하다. 미시적 관점에서는 생산지향시스템으로서 기업, 고객지향시스템으로서 기업 및 인간지향시스템으로서 기업으로 구분된다. 기업의 거시적 관점에서 구분하면 긍정적 사회시스템과 부정적 사회시스템으로 구분된다.

기업의 종류는 영리기업, 비영리기업 및 공기업이 있다. 영리기업은 원칙적으로 이익을 추구하는 조직으로 운영되는 형태를 말한다. 이는 기업의 목적이 영업활동을 통해 수익을 남겨 계속적으로 운영하는 것이다. 비영리기업은 기본적인 의미에서 이익을 추구하는 영리기업과는 달리 공공의 이익을 위해 조직을 구성하고 있는 형태이다. 공기업은 국가기관이나 지방단체의 자본으로 생산, 유통 또는 서비스를 일반 시민에게 제공하는 기업을 말한다.

기업은 사회 속에서 함께 하는 사회적 구성단위이다. 기업이 사회에서 누리는 혜택은 매우 크다고 할 것이며 그에 따르는 책임과 의무가 당연히 있다.

최근 사회에서 기업을 바라보는 눈높이는 그 어느 때보다 높다고 할 것이다. 기업이 사회에 보답해야 하는 이유가 충분한 이유이다.

토론 문제

1. 경영은 어떻게 정의할 수 있을까?

2. 경영의 목표 3가지는 무엇인가?

3. 경영 기능은 4가지로 볼 수 있다. 이것을 상호간 토의를 통해 실제 경영에서 적용되는 과정을 설명해 보라.

4. 기업을 미시적 관점과 거시적 관점에서 설명해 보라.

5. 경영자의 유형 중에서 계층에 따른 분류를 한다면?

6. 경영자의 역할 3가지를 설명해 보시오.

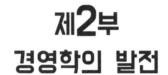

제2부
경영학의 발전

제1장
근대 이전 경영 이론

경영이라는 개념은 인류가 오래 전부터 사용해 온 개념 체계이다. 기원전 3000년경부터 지어진 이집트의 피라미드는 수많은 인력이 동원되었으며 물자를 수송하는 체계와 물자 소요량 산정 등의 경영기술이 뒷받침되어야 건축이 가능했던 것으로 보고 있다.

기원후 1400년경에 베니스항에서 행해진 물류, 회계 시스템 및 인력관리 등의 경영기술들은 오랜 인류의 유산과 축적으로 가능했을 것으로 예상한다. 이때 베니스항에서 선박의 움직임을 체

〈그림 12〉 이집트 피라미드

<그림 13> 16세기 베네치아(베니스) 지도

베네치아 지도로서 1567년의 파올로 푸를라니 작품이다. (출처: 헤드라인뉴스(HeadlineNews), http://www.iheadlinenews.co.kr)

계적으로 수립하였으며 인력 운영 계획을 구축하고 있었다. 또한 회계시스템과 재고관리 등을 통해 비교적 효율적인 시스템을 구축하고자 노력하였다.

한국의 경우에는 이미 11세기~12세기경 개성의 상인들은 복식부기four-element booking system를 이용하여 세계무역을 하고 있었으며 효과적인 회계시스템을 도입하여 운영하고 있었다. 이는 세계 최초의 복식부기를 사용한 것으로 보고 있다.

경영은 이처럼 기업과 상업 활동에 있어 핵심적인 기술에 해당하며 운영을 더욱 최적화시키는 데 활용된다. 따라서 경영은 인류의 발전과 함께 성장해 왔으며 중요한 계기를 통해 급속하게 변모하며 시대의 상황에 맞게 발전하였다.

제2장
근대 경영 이론

중세 유럽에서는 길드^{guild}조직이 있어서 도시상인과 가내수공업자 중심의 친목을 도모하는 모임이었다. 이 모임을 통해 제한적으로 가격과 물량을 조절하는 역할을 담당하였다.

인류의 발전과정에서 획기적인 변화는 제1차 산업혁명(1760~1820년)이다. 1769년에 개발된 제임스 와트의 증기기관에 의해 산업은 농업에서 공업으로 큰 변화를 겪게 된다. 하지만 제1차 산업혁명을 거치면서 가내수공업에서 벗어나 대량 생산이 가능하게 되었다.

인류는 제1차 산업혁명에서 머무르지 않고 전기(1879년, 토마스 에디슨 개발)를 개발하여 1870년경 제2차 산업혁명으로 발전하였다. 이때부터 기업들은 대량 생산체제가 폭발적으로 확산되었다. 이러한 대량 생산이 가능해지면서 경쟁이 격화되기 시작하였다.

〈그림 14〉 제1차 산업혁명

영국에서 시작된 제1차 산업혁명을 나타내는 그림이며, 증기기관이 발견되어 생산량의 폭발적인 증가를 가져오게 된다. (출처: https://upload.wikimedia.org/wikipedia)

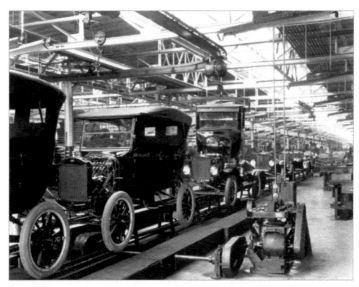

〈그림 15〉 제2차 산업혁명

(출처: https://www.thedailypost.kr/news/articleView.html?idxno=56888)

기업 간 경쟁이 치열해짐에 따라 기업들은 경쟁자들보다 더 효율적으로 운영하고자 하는 필요가 생겨나게 되었다. 이로 인해 제2차 산업혁명을 거치면서 경영학은 시대의 상황에 맞도록 발전하게 된다. 이러한 배경이 근대 경영학을 생겨나게 했던 것이다. 근대 경영학으로서 고전적 경영학의 발전을 과학적 경영론과 관리적 경영론으로 일반적으로 분류한다.

1. 고전적 경영학

1860년경 미국은 남북전쟁이 끝나게 되면서 미국시장의 규모가 급격하게 성장하게 되고 대량생산체제가 가능하게 되었다. 이로 인해 대규모 공장이 많이 들어서게 되고 인간이 기계에 지나치게 예속되는 사회적인 문제를 야기하게 되었다. 또한 관리 방법과 임금체제에 대한 불만이 고조되는 상황이 되면서 조직적인 태업과 파업 등이 나오는 시기였다.

이 시기에 과학적 경영론과 관리적 경영론이 대두되어 기업의 효율적인 관리 방법을 제시하는 이론이 나타나기 시작하였다.

1) 과학적 경영론

경영학의 아버지라고 불리는 프레드릭 테일러^{Fredrick Taylor}는 미국의 엔지니어 출

〈그림 16〉 프레드릭 테일러

신이었다. 그는 오랜 기간 동안 공장생산책임자로서 기업의 생산에 관여하면서 더욱 효율적인 운영기술과 관리 방법의 필요성을 깊이 고민하였다.

마침내 1911년 테일러는 『과학적 관리의 원칙The principles of scientific management』이라는 책을 통해 과학적으로 관리하는 원리를 세상에 제안하였다. 이 당시 이러한 관리원칙은 큰 반향을 불러왔다.

당시에 공장 운영은 주먹구구식이었으며, 체계적인 원칙이 없었다. 그는 과학적 과업관리를 위해 다음과 같이 중요한 4대 원칙을 제안하였다.

① 최고의 일일 작업 설정
② 공구 및 현장의 표준화
③ 성공한 노동자를 우대
④ 실패한 노동자에게 손실 부담

또한 테일러는 과학적 관리로서 다음과 같은 4가지 기본 원리를 제안하였다.

첫째, 기존의 주먹구구식 작업 방법을 과학적으로 변경할 것
둘째, 작업자를 과학적으로 선발하고 훈련 및 개발할 것
셋째, 경영자와 공장작업자 간의 친밀한 협동체계를 구축할 것
넷째, 경영자와 공장작업자 간의 업무를 균등하게 분배할 것

테일러는 위의 기본 원리를 준수하는 가운데 시간연구와 동작연구를 통해 표준작업량을 설정하고 과업관리를 체계적으로 분류하였다.

이것을 통해 차별적 성과급제도, 직능적 직장제, 기획부제 및 지도표 제도 등을 도입하였다.

과학적 관리론도 여러 가지 한계를 가지고 있다. 너무 획일적인 방식으로 표준작업량이 설정하여 노동자의 인간적인 측면이 경시되었다는 점이다. 또한 과학적 관리론이 경영 전반에 대한 것이 아니라 노무관리에 치중하고 있다는 점이다. 노조를 원천적으로 부정하고 있으며 노동자는 관리자의 명령과 지시에 의한 일방적인 관계로 설정하고 있다.

과학적 관리론이 한계점을 분명히 가지고 있지만, 고전적 경영학으로서 여러 학자들에 의해 더욱 발전하였다. 그 대표적인 인물이 간트Gantt로서 그는 테일러의 과학적 관리론을 발전시켜 작업관리를 위한 간트차트Gantt chart를 만들었다.

또한 길브레스 부부는 인간의 동작과 피로를 최소화하기 위해 서블릭therblig 기호를 만들어 현장에 도입함으로써 더욱 간결하고 분명한 작업지시를 가능하게 하였다.

과학적 관리론의 개념을 더욱 발전시켜서 포드는 포드시스템Ford system을 개발하였다. 포드의 경영이념인 포디즘Fordism의 원리는 저가격low prices과 고임금high wages을 통해 영리 추구가 목적이 아닌 봉사주의奉事主意를 강조하였다. 포디즘에서는 다음과 같은 4가지 봉사원칙을 강조하였다.

① 경쟁을 위주로 하지 말아야 한다.
② 봉사가 이윤에 우선적이다.
③ 미래에 대한 공포와 과거에 대한 존경을 버려야 한다.
④ 값싸게 제조하여 값싸게 판매하라.

〈그림 17〉 포드 시스템

(출처: https://tech-plus.co.kr/9111)

포디즘에서 봉사원칙을 강조한 이유는 기업이 이윤 자체를 부정하는 것이 아니라, 영리를 목적으로 하는 것을 경계하기 위한 것이다.

2) 관리적 경영론

(1) 페이욜의 관리적 경영

〈그림 18〉 앙리 페이욜

출처: 위키피디아

프랑스의 경영학자인 앙리 페이욜Henry Fayol은 50여 년간의 기업 현장 경험을 바탕으로 기업을 효과적으로 관리하기 위해 관리원칙을 제시하였다. 이에 앞서 그는 기업 경영자의 임무를 5가지로 분류하였다. 첫째, 계획planning은 기업의 미래 목표를 제시하고 실행계획을 수립하는 것이다. 둘째, 조직organizing은 목표로 하는 계획을 완수하기 위한 자원을 체계적으로 준비하는 것이다. 셋째, 명령commanding은 조직의 구성원을 선발하고 배치하여 구체적으로 지휘하는 것이다. 넷째, 조정adjusting은 기업의 운영활동을 목표달성에 적합하도록 조절하는 것이다. 다섯째, 통제controlling는 성과표준과 실제성과를 비교하여 수정이 필요한 부분을 찾아내어 조정하는 것이다.

페이율은 경영자의 관리가 효율적으로 되기 위해 반드시 갖춰야 하는 원칙을 14가지로 제안하였다. 다음의 내용은 그가 제시한 원칙을 일목요연하게 정리한 것이다.

〈페이율의 관리원칙〉

① 분업division of labor: 조직은 각 분야 전문화를 통해 경영효율을 극대화해야 한다.

② 권한authority: 경영자는 공식적 지위와 경험을 바탕으로 조직구성원들이 명령을 할 수 있는 권한을 위임이 필요하다.

③ 규율disciple: 조직구성원들은 정해진 규율을 준수해야 한다.

④ 명령일원화unity of command: 하위 직위자는 1명의 상급자에게 보고하게 한다.

⑤ 지휘통일화unity of direction: 조직의 운영활동은 1인의 경영자로 통합되는 것이 필요하다.

⑥ 보상remuneration: 조직구성원들에게 공정성을 지켜야 한다.

⑦ 전체 이익에 대한 개인의 이익 종속의 원칙subordination of individual to the common good: 개인의 이익이 조직 전체의 이익보다 앞서서는 안 된다.

⑧ 권한집중화centralization: 조직의 효율성 향상을 위해 분업과 함께 집중화도 요구된다.

⑨ 계층조직scalar chain: 조직에서 명령의 하달경로가 명확해야 한다.

⑩ 질서order: 조직 내 자원은 적합하게 배치되어야 한다.

⑪ 공평equity: 경영자는 조직구성원에게 공정해야 한다.

⑫ 종업원의 지위안정stability: 직원들의 이직률이 높지 않도록 해야 한다.

⑬ 주도권initiative: 조직구성원들은 주도권을 부여받아 일하는 자유를 가지도록 한다.

⑭ 단결esprit de corps: 직원들의 팀워크, 단결력 등이 중시되어야 한다.

페이욜의 관리적 경영론은 여러 다른 학자에게도 영향을 주게 되었다. 특히 대표적으로 데이비스Davis, 쿤즈H. D. Koontz와 도넬C. O'Donnell 등에게도 계승되었고 현대적 경영론의 시스템 경영론(버나드 & 사이먼)에도 영향을 주었다. 이러한 점에서 관리적 경영론은 현재의 경영환경에서도 통할 수 있는 중요한 관리원칙이 되고 있다. 14가지의 관리원칙이 제대로 지켜지는 조직은 내부직원들의 직무만족도를 높이고 이직률을 획기적으로 줄일 수 있을 것이다. 그러므로 경영자는 고전적 경영학으로서 관리적 경영론의 관리원칙을 오래된 이론만 치부하는 것은 바람직하지 못하다. 하지만 상황적합 이론에 의하면 관리적 경영론의 한계로서 상황적인 여러 요인을 반영하지 못하고 일반적인 관리원칙만 제시하였다는 비판을 받는다.

(2) 막스 베버의 관료적 경영

19세기 독일의 사회학자인 막스 베버Max Weber가 속해 있는 조직에 있어 승진이나 채용이 대부분 혈연과 지연 등으로 이뤄지고 있었다. 이러한 사회현상을 지적하면서 그는 관료제도bureaucracy를 제안하였다. 관료제도는 근본적으로 조직관리자의 원칙 없는 관리에 치우치지 않을 수 있으며 합리적인 원칙에 따라 관리가 될 것이라고 하였다.

막스 베버는 사회의 조직들이 이상적인 관료제도를 운영한다면 사회는 더욱 발전할 것이라고 주장하였다. 그는 이상적인 관료조직을 구축하기 위해 필요한 다섯 가지 원칙을 제시하였다.

〈그림 19〉 막스 베버
(출처: 위키피디아)

첫째, 일관성 있는 규칙과 절차가 자세하게 마련되어야 한다.

둘째, 최고 경영자와 직원들에 이르기까지 수직적 계층구조가 되어야 명령과 지휘체계가 갖춰질 수 있다.

셋째, 경영자들은 규칙, 절차 등을 적용함에 있어 개인적 감정을 배제해야 한다.

넷째, 조직구성원들의 과업은 명확하게 분류되어야 하고 명확하고 반복적인 일들로 구성되어야 한다.

다섯째, 채용과 승진은 능력에 따라 공정하게 이뤄져야 하고 부당한 해고로부터 직원들은 보호되어야 한다.

막스 베버는 관료제도가 기존 사회에 팽배하고 있는 혈연과 지연을 막고 능력 중심의 조직관리가 될 것이라고 주장하였다. 그는 합리적 권한구조와 조직기능을 구축하기 위해 노력해야 한다고 강조하였다. 하지만 관료제도는 여러 가지 한계를 노출하였다. 무사안일주의와 공공이익을 망각하는 경우도 있었다. 또한 의사결정이 지연되는 폐단도 있으며 변화에 대한 저항이 있기도 하였다. 이러한 한계에도 불구하고 19세기에 혈연 중심 사회에서 능력 중심의 조직적 관리론을 제안했다는 측면에서 의미가 충분이 있다고 본다. 현재까지도 군대나 정부 조직은 관료 제도를 채택하고 조직 관리를 하고 있다. 하지만 기술과 시장에서 급격하게 변화하고 있는 상황에 직면하고 있는 기업의 구조로서는 다소 부적합하다. 기업은 상황에 상대적으로 유연한 조직이 더 적합하고 혁신을 기반으로 하는 관리적 경영이 더 필요하기 때문이다.

2. 행동학적 경영학

1) 인간관계론

인간관계론Human relations theory은 그 이론적 배경을 호손실험에서 유래하였다. 미국의 하버드 대학교 교수였던 엘튼 메이요Elton Mayo는 실험을 위해 웨스턴 일렉트릭Western Electric의 호손 공장Hawthorne factory에서 실험하였다. 그 연구 주제는 업무환경과 동기에 관한 것이었다. 즉 조명이 밝을수록 업무의 능률이 올라갈 것이라고 예상하였다.

〈그림 20〉 엘튼 메이요
(출처: https://vo.la/nXLJ8j)

메이요 교수는 1924년 11월부터 1927년 4월까지 실험을 통해 연구하였다. 작업장의 밝기와 능률간의 관계를 위해 3단계로 실험을 진행하였다.

첫째, 1단계는 각 작업장에 대해 밝기의 정도를 올려서 생산을 진행하였다. 그 결과 예상한 바와 같이 생산능률은 그에 따라 증가하였다.

둘째, 2단계는 생산 작업자 그룹은 2개로 구분하였다. 제1그룹의 작업장은 3단계로 밝기의 정도를 다르게 하였다. 제2그룹은 조명의 밝기를 동일하게 적용하였다. 이렇게 구분하여 실험을 진행하였으나 예상과 달리 제1그룹과 제2그룹은 둘 다 생산능률이 증가하였다.

셋째, 3단계로서 위의 제1그룹에는 오히려 조명의 밝기를 낮추어서 실험을 진행하였다. 제2그룹은 조명의 밝기를 동일하게 적용하였다. 3단계 실험의 결과는 예상과는 달리 모두 생산 능률이 증가한 것으로 나왔다.

메이요 교수는 호손실험Hawthorne experiment을 통해 작업자의 생산 능률이 근무환경이나 물리적 환경에 의해 영향을 받지 않는 것을 깨닫게 되었다. 한편 연구팀은 다시 추가적인 5년 동안 실험을 진행하였다. 이는 당초에 예상한 것보다 더 긴 시간의 실험이 계속되었다. 하지만 물리적 환경이나 근무환경이 생산 능률을 영향을 준다는 것을 증명하기는 어려웠다.

그러던 중 연구팀은 중요한 사실을 깨닫게 된다. 실험 대상이었던 6명의 여성 근무자들은 자신들이 회사에서 실험을 위해 선택된 것에 대해 큰 자부심을 가지고 있는 것을 알게 되었다. 또한 실험실 내의 근무환경을 즐기고 실험의 목표를 인식하고 집단의 목표를 상호 공유하고 책임감을 가진다는 것이었다.

연구팀은 나아가 연구 대상을 확대하여 다른 작업자들을 인터뷰 방식으로 심층면접을 진행하였다. 이를 통해 작업자들의 의견은 감정에서 기인한 것이 많다는 것을 알게 되었다. 또한 그들의 의견과 생각에 경청해 주는 면접 자체가 태도와 감정 상태를 전환시킨다는 것이었다. 다시 말해서 인간은 감정에 의해 많은 영향을 받는 것을 알게 되었다.

연구팀은 이와 동시에 연구원을 작업 현장에 투입하여 면접과 관찰을 진행해 보았다. 이러한 추가적인 실험을 통해 연구팀은 작업자들은 비공식적 집단을 만들고 그 비공식 집단의 관습과 행동양식을 따르고 있다는 것을 알게 되었다. 비공식적 집단의 경우 1일 표준작업량과 생산재고량을 제한시키고 있었다. 당연히 작업자들은 이러한 비공식적 집단의 행동기준에 맞게 행동하였던 것이었다. 그러므로 연구팀은 작업자들도 사회적 존재라는 것을 깨달게 되었다. 호손실험을 통해 인간관계론이 발전되기 시작하였고 인간중심적 사고를 전개하는 계기가 되었다.

2) 욕구단계론

욕구단계론은 미국의 심리학자 에브라함 매슬로우Abram Maslow에 의해 최초로 제시되었다. 매슬로우의 욕구단계론은 리더십 이론에도 사용되는 매우 중요한 이론이다. 따라서 이 책에서는 3부에서 자세하게 다시 한번 설명하기로 하고 이번 장에서는 간단하게 소개하고자 한다.

그의 이론은 욕구를 5단계로 구분하였고, 작업자들의 생산량을 향상시키기 위해서는 각 단계별로 해당하는 욕구가 충족되어야 한다고 주장하였다. 예를 들어 작업자들이 최초 단계에서 생존과 배고픔의 단계를 넘기게 되면 안전의 욕구가 생기게 된다. 이러한 단계들을 넘게 되면 자아실현의 욕구가 일어나게 되는데 작업자들의 욕구를 충족해 줄수록 기업의 생산효율은 자연

〈그림 21〉 에브라함 메슬로우
(출처: Bettmann Archive)

스럽게 향상된다고 주장하였다.

매슬로우의 욕구단계론은 사회학, 경영학, 정신심리학 등에 이르기까지 다양한 영역에 적용되고 있다. 하지만 욕구단계론은 인간의 행동을 너무 단순하게만 해석하고 있다. 사실 인간의 행동과 태도는 상당히 복잡한 요인에 의해 결정되고 형성되기 때문에 욕구단계론도 분명한 한계가 있는 것이다. 그럼에도 불구하고 욕구단계론은 인간의 행동과 욕구를 비교적 이해하기 쉽게 설명한 이론으로 평가받고 있다.

3) XY이론

XY이론은 제3부에서 설명을 자세하게 설명하고자 한다. 여기에서 간단한 소개 수준에서만 다루고자 한다. 미국의 경영 이론가인 더글라스 맥그리거Douglas Mcgreger는 메이요의 호손실험에서 나온 인간관계론과 일맥상통한다.

맥그리거는 인간의 본성을 X, Y로 구분하여 가정하였다. X이론에 의하면 인간의 본성은 매우 게으르며 일을 하기 싫어한다고 가정한다. 반면 Y이론은 인간은 스스로 일을 하려고 노력하며 자아실현의 욕구를 가지고 있다고 가정하였다. 또한 강제성이 없더라도 책임감을 가지고 자기 관리를 한다고 보았다.

XY이론 중에서 맥그리거는 결론적으로 Y이론에 근거한 경영 방식이 옳다고 주장하였다. 인간은 자율적인 방식으로도 충분히 기업의 성과에 공헌할 수 있으

〈그림 22〉 더글라스 맥그리거
(출처: 위키피디아)

며, 근로자들의 생각과 태도를 긍정적으로 채워주면 자연스럽게 조직의 목표를 성취할 수 있도록 공헌한다는 것이다. 더 자세한 XY이론에 대한 설명은 제3부를 참조하기 바란다.

3. 계량 경영학

계량 경영학Quantitative approach to management은 경영 과정에서 일어나는 문제를 해결하는 의사결정에 있어서 통계이론과 계량적인 방법을 도입하여 해결하고자 하는 이론이다. 초창기의 근대 경영학에서 주로 사용되었던 직관적인 경영 방식은 사실 많은 한계를 보여 주었다. 왜냐하면 직관적 경영 방식은 여러 차례의 '반복적 시행착오trial and error'를 통해 합리적 의사결정을 추구하였다. 한편 계량 경영학은 계량적인 방법을 제시함으로써 시행착오를 줄이는 역할을 한다.

계량 경영학의 종류는 일반적으로 경영과학Management Science 또는 ORoperation research이 있다. 경영과학은 불확실한 환경 속에서 통계적인 방법과 수리적인 모형을 통해 생산계획, 재고관리, 판매계획 등의 세부적인 의사결정을 내리는 데 해답을 찾고자 하는 학문체계이다. 경영과학에서 핵심인 OR은 최초에는 군사적인 목적에서 사용되어 잠수함의 배치, 레이더망 배치 등의 과학적인 근거를 제시하는 데 사용되었다. 제2차 세계대전 이후 OR은 경영에서 과학적 기법의 하나로서 활용되어 경영자에게 최적의 해解를 제공해 주는 역할을 하였다.

대표적인 기법으로는 선형계획법Linear programming, 시뮬레이션Simulation, PERTprogram evaluation and review technique 등이 있다.

여기에서 선형계획법은 경영상황에서 여러 가지 가능성이 상존해 있을 때 최적의 해를 찾아내는 것을 말한다. 일반적으로 선형계획법은 최적화 이론으로서 제약조건이 연립일차부등식 또는 연립일차방정식으로 나타낸다.

시뮬레이션은 경영상황을 가능하면 간단하게 축소하여 모형을 만들어 실험하고 그 결과에 따라 경영 의사결정을 하는 기법을 의미한다. 다시 말해서 복잡한 경제시스템에서 직접적인 결과를 도출하기 어렵기 때문에 사전에 실제 시스템을 모형화하여 여러 가지 동적인 요인들을 대입하여 결과를 예상해 보는 방법이다.

PERT는 Program evaluation and review technique의 약칭으로 생산공정이나 건설공사에서 계획하는 단계에서 어떤 공정이나 방식으로 진행하는 것이 인원과 자재의 낭비를 절감하고 생산 공정기간이나 건설기간을 단축할 수 있는지를 산출해 내는 공정관리기법이다. 이는 작업의 진천상황과 작업순서를 간단하게 확인할 수 있도록 하고 생산의 납기일자와 건설완료일을 산출하는 데 흔히 사용되는 기법이다.

제3장
현대적 경영학

1. 시스템 이론

근대를 넘어 현대에 와서 시스템 이론System theory이 대두되었다. 사실 시스템 이론은 1973년 오스트리아 이론 생물학자인 베르탈란피L. V. Bertalanffy에 의해 창시되었다. 그 후 시스템 이론을 더욱 발전시킨 학자로서 버나드C. I. Bernard와 사이몬H. A. Simon이었다.

조직을 시스템 이론의 관점에서 볼 때 시스템에 대한 이해가 선행되어야 한다. 여기에서 시스템은 기능적 단위로 이뤄진 여러 개의 독립된 구성인자 또는 개체가 조직의 목표를 달성하기 위해 유기적으로 연결된 상호작용하는 통합체라고 일반적으로 정의된다. 다시 말해서 시스템은 상호 연관된 몇 가지의 개체로 구성된 유기적인 통합체

〈그림 23〉 버나드와 사이몬

를 의미한다. 따라서 기업과 같은 조직의 각 단위구성 요소 간의 유기적인 통합체는 시스템 이론으로 설명하기에 적합한 점이 있다.

시스템 이론을 설명한 학자로서 버나드는 조직을 정의하면서 조직이 반드시 가지고 있는 사항을 아래와 같이 제시하였다.

① 조직에는 상호 소통할 수 있는 사람이 있다.
② 조직에는 공헌하고자 자발성이 있다.
③ 조직에서 공통목적을 달성하고자 한다.

따라서 그는 조직의 필수구성요소는 3가지라고 주장하였다. 첫째, 의사소통communication이다. 둘째, 공헌의욕willingness to serve이다. 셋째, 공통목적common purpose이다.

그가 말하는 시스템 이론은 기존의 인간성을 무시한 전통적 경영이론과 공식조직의 문제를 간과한 인간관계론을 종합한 이론이었다.

다시 말해서 그는 조직이란 물적, 생물적 요인들을 결합하여 공통목적을 위해 형성된 사람들의 행동체계라고 주장하였다.

반면에 다른 시스템 이론가로서 사이먼은 "Adminstration Behavior"에서 조직에 있어서 구성원들과 경영자들의 의사결정과 이에 대한 조직의 반응을 검토 및 분석한 결과로서 조직의 특성을 알 수 있다고 말했다. 그는 조직적 의사결정 이론을 다음과 같이 3가지 관점인 조직에서의 영향력 이론, 의사결정에 관한 이론 및 조직적 균형이론으로 분석하였다.

여기에서 그는 의사결정 주체자로서 인간은 "제한된 합리성bounded rationality"을 갖고 있다고 보았다. 조직은 인간들의 의사결정으로 집약된 시스템이라고 주장하였다. 예컨대 경영조직에서 행해지는 수요 예상, 판매량 예측, 생산량 예측 등을 산출하는 데 있어 계량적 또는 통계적 방법 등으로 합리적이다. 하지만 현실에서는 인간들로 구성된 조직은 합리적인 계산결과보다는 단지 경영자의 경험과 직감으로 의사결정이 되기도 한다.

조직 내의 의사결정의 비합리성과 편향성은 여러 조직들에서 지속적으로 발생하는 것도 사실이다. 시스템 이론의 관점에서 볼 때 조직은 조직 내 인간들의 의사결정으로 형성된 집약체이다. 결국 사람이 조직의 특성을 형성하고 운영해 가는 것이다.

2. 상황 이론

상황 이론Contingency theory은 시스템 이론의 추상성을 극복하기 위해 발전된 이론이며 경영관리와 조직효율성의 성과는 환경에 따라 다르다는 것을 강조하였다. 이러한 점에서 상황 이론은 '상황적합 이론'이라고도 부른다. 상황 이론은 올바른 경영관리는 특정한 보편타당한 규칙이 없으며 기업의 주변 상황에 의존한다고 보는 경영관리개념을 의미한다. 그 대표적인 학자는 〈그림 24〉의 Fred Fiedler이다.

상황 이론의 본질적 개념에서 경영관리의 모든 경영활동이 외부 환경요건, 기

〈그림 24〉 Fred Fiedler

술 및 사람들을 포함하고 있는 핵심변수와 일치해야 한다. 상황 이론은 관리의 단순한 원칙을 넘어 상황을 고려한 조직설계의 필요성의 논거를 제시하고 있다.

상황 이론은 권력관계, 리더십 등의 다양한 영역으로까지 확대하고 있다. 한편 1960년대 초 영국과 미국에서부터 시작한 상황 이론은 다음과 같은 특성을 갖추고 있다.[4]

첫째, 조직의 환경적응의 중요성을 강조하고 있다. 조직이 환경 또는 기술에 적합하게 적응해야만 성과 향상을 가질 수 있기 때문이다.

둘째, 상황 이론에서는 조직을 분석단위로 하고 있다. 행동의 주체로서의 조직을 분석단위로 하고 기능과 특성에 주목하고 있다. 또한 조직에 존재하는 객관적 법칙을 규명하고자 한다.

셋째, 상황 이론은 객관적 결과를 중요시한다. 즉 상황 이론에서는 조직의 유효한 관리시스템 또는 운영방안을 연구한다.

넷째, 상황 이론은 중범위 이론middle range theory[5]을 지향한다. 다시

---

4) 문규현·박상철(2010), 『에센스 경영학』, 41쪽 참조.

말해서 조직의 비교분석을 바탕으로 경험적인 이론을 구축한다. 왜냐하면 제한된 상황 하에서 이론 구축을 행하는 중범위 이론을 통해 조직에 관한 실증분석이 가능하기 때문이다.

상황 이론은 일반 이론으로 분류되는 경영관리론 또는 조직론이 특정한 환경이나 상황에서 설명할 수 없는 제한점을 극복한 이론으로 평가받고 있다.

---

5) 중범위 이론: middle range theory이며 비교적 특정한 문제 영역에 초점을 맞추고 각 영역에서의 연구 결과들을 전체적 이론 형태로 나타내는 이론을 총칭하는 말이다. 다시 설명하자면 연구대상의 범위를 보다 좁혀서 그것에 집중적으로 연구하는 접근 방법을 중범위 이론이라 한다(하동석·유종해 공저, 『이해하기 쉽게 쓴 행정학용어사전』, 2010.3.25).

제2부 경영학의 발전 요약 정리

경영이라는 개념은 인류가 오래 전부터 사용해 온 개념 체계이다. 기원전 3000년경부터 지어진 이집트의 피라미드는 수많은 인력이 동원되었으며 물자를 수송하는 체계와 물자 소요량 산정 등의 경영기술이 뒷받침되어야 가능한 것이었다.

테일러는 『과학적 관리의 원칙The principles of scientific management』(1911)이라는 책을 통해 과학적으로 관리하는 원리를 세상에 제안하였다. 이 당시 이러한 관리원칙은 큰 반향을 불러왔다.

앙리 페이욜Henry Fayol은 50여 년간의 기업 현장 경험을 바탕으로 기업을 효과적으로 관리하기 위해 관리원칙을 제시하였다. 이에 앞서 그는 기업 경영자의 임무를 5가지로 분류하였다. 첫째, 계획planning은 기업의 미래 목표를 제시하고 실행계획을 수립하는 것이다. 둘째, 조직organizing은 목표로 하는 계획을 완수하기 위한 자원을 체계적으로 준비하는 것이다. 셋째, 명령commanding은 조직의 구성원을 선발하고 배치하여 구체적으로 지휘하는 것이다. 넷째, 조정adjusting은 기업의 운영활동을 목표달성에 적합하도록 조절하는 것이다. 다섯째, 통제controlling는 성과표준과 실제성과를 비교하여 수정이 필요한 부분을 찾아내어 조정하는 것이다.

19세기 독일의 사회학자인 막스 베버Max Weber가 속해 있는 조직에 있어 승진이나 채용이 대부분 혈연과 지연 등으로 이뤄지고 있었다. 이러한 사회현상을 지적하면서 그는 관료제도bureaucracy를 제안하였다.

메이요 교수는 호손실험Hawthorne experiment을 통해 작업자의 생산 능률이 근무환경이나 물리적 환경에 의해 영향을 받지 않는 것을 깨닫게 된다. 한편 연구팀은 다시 추가적인 5년 동안 실험을 진행하였다. 이는 당초에 예상한 것보다 더 긴 시간의 실험이 계속되었다. 하지만 물리적 환경이나 근무환경이 생산 능률에 영향을 준다는 것을 증명하기는 어려웠다. 6명의 여성 근무자들은 자신들이 회사에서 실험을 위해 선택된 것에 대해 큰 자부심을 가지고 있는 것을 알게 되었다. 또한 실험실 내의 근무환경을 즐기고 실험의 목표를 인식하고 집단의 목표를 상호 공유하고 책임감을 가진다는 것이었다.

매슬로우의 욕구단계론은 사회학, 경영학, 정신심리학 등에 이르기까지 다양한 영역에 적용되고 있다. 하지만 욕구단계론은 인간의 행동을 너무 단순하게만 해석하고 있다.

근대를 넘어 현대에 와서 시스템 이론System theory이 대두되었다. 사실 시스템 이론은 1973년 오스트리아 이론 생물학자인 베르탈란피L. V. Bertalanffy에 의해 창시되었다. 그 후 시스템 이론을 더욱 발전시킨 학자로서 버나드C. I. Bernard와 사이몬H. A. Simon이었다. 그는 조직의 필수구성요소는 3가지라고 주장하였다. 첫째, 의사소통 communication이다. 둘째, 공헌의욕willingness to serve이다. 셋째, 공통목적 common purpose이다. 그가 말하는 시스템 이론은 기존의 인간성을 무시한 전통적 경영 이론과 공식조직의 문제를 간과한 인간관계론을 종합한 이론이었다. 다시 말해서 그는 조직이란 물적, 생물적 요인들을 결합하여 공통목적을 위해 형성된 사람들의 행동체계라고 주장하였다.

상황 이론Contingency theory은 시스템 이론의 추상성을 극복하기 위해 발전된 이론이며 경영관리와 조직효율성의 성과는 환경에 따라 다르다는 것을 강조하였다. 이러한 점에서 상황 이론은 '상황 적합 이론'이라고도 부른다.

토론 문제

1. 과학적 경영론에 대해 설명해 보라.

2. 페이욜의 관리원칙 14가지는 어떤 것이 있는가?

3. 막스 베버의 관료적 경영의 5가지 원칙은 무엇인가?

4. 메이요 교수의 인간관계론을 설명해 보라.

5. 맥그리거의 XY이론은 무엇인가?

6. 현대적 경영학 이론은 무엇이 있으며, 각각의 특성을 서술해 보시오.

제3부
기업경영의 과정

제1장
경영계획

1. 경영계획의 개념

기업의 목표를 효과적으로 달성하기 위해 기업은 계획planning을 하게 된다. 개념적으로 볼 때 계획은 기업의 목표를 설정하고 그 목표를 달성하기 위해 구체적인 실천방식 또는 실행과업을 결정하는 것이다.

이러한 점에서 경영계획은 경영의 첫 단계라고 한다. 만약 경영계획을 현실적이면서도 구체적으로 잘 설정하는 경우에는 기업이 원하는 바를 이룰 수 있는 가능성이 높아진다.

2. 경영계획의 이점

기업의 경영계획을 통해 얻을 수 있는 장점은 여러 가지이다. 그 중에서 대표적인 이점은 일반적으로 4가지로 분류한다.[6]

첫째, 경영계획은 다변화되는 비즈니스 환경에서 불확실성을 감소시킨다. 만약 기업이 아무런 계획 없이 예전과 같이 그대로 진행하는 경우에 기업은 불확실성이 높은 상황을 타개하기 매우 어렵다. 왜냐하면 기업을 둘러싸고 있는 경쟁환경, 외부 환경 및 내부 역량 분석 없이 경영을 계속적으로 하는 것은 위험을 관리하지 못하고 경영하는 것이기 때문이다.

둘째, 기본적으로 경영계획은 기업의 나아갈 방향을 제시한다. 만약 기업이 계획 없이 현재의 영업을 영위한다면 일정한 목표로 나아가는 방향성을 유지하는 것은 상당히 어려울 것이다. 이러한 점에서 기업의 전략의 수립과 장단기 성장계획, 투자계획 등에 있어서 명확하고 확고한 가이드라인guideline을 제시하는 것은 절대적으로 필요하다.

셋째, 경영계획은 기업에게 자원의 불필요한 낭비를 감소시켜 준다. 기업의 구매계획, 생산계획, 품질관리 및 판매계획 등을 합리적인 기준으로 수립하는 경우에 불필요한 비용을 최소화시켜 자원의 효율적 활용을 가능케 한다. 그러므로 기업의 경영계획은 경영자들의 효과적인 계획절차와 방식을 통해 합의 방식으로 이뤄져야 한다.

넷째, 기업의 경영계획이 세워진 경우에는 경영 통제가 용이해지는 이점이 있다. 다시 말해서 판매계획을 바탕으로 설정된 생산계획과 구매계획이 계획에 맞게 합당하게 관리되는지 통제함으로써 목표 대

---

6) S. P. Robbins & D. A. De Cenzo, "Fundamental of Management" 자료에서 내용을 발췌함.

비 실적을 파악할 수 있다. 만약 목표 대비 실적이 낮은 경우에는 원인 분석을 해야 하고 도출된 원인에 대한 적합한 실천 방안을 수립해야 한다.

3. 경영계획의 유형

1) 구체화 정도에 따른 구분

경영계획은 그 구체화 정도에 따라 지침적指針的 경영계획과 구체적具體的 경영계획으로 일반적으로 구분된다.

첫째, 지침적 경영계획은 기업의 향후 나아갈 방향을 제시함에 있어 상당히 포괄적이면서 구체적 방안까지는 나타내지 않는 계획이다. 예컨대 기업의 글로벌시장 공략에 있어 시장에서 판매수익을 현재보다 약 5% 향상하기로 계획하는 경우에는 구체적인 로드맵roadmap이나 마케팅 방법을 제시하지 않고 시장 상황에 맞게 운영하여 기업의 실적 향상을 도모하자는 포괄적인 계획을 말한다.

둘째, 구체적 경영계획은 기업의 경영자가 목표를 달성하기 위해 세부적인 전략과 각 경영 부문의 자세한 방법을 제시하는 경영계획을 말한다. 예를 들어 기업이 시장에서 1년 동안 발생하는 클레임을 2020년보다 15%가량 줄인다는 목표를 수립한 경우에 이러한 목표를 달성하기 위해 세부적인 품질관리와 물류관리, 생산관리 등의 전반에 걸쳐 대응 계획을 세우는 것을 말한다. 이를 뒷받침하기 위해 고객대응계획, 마케팅 및 물류관리, 생산관리, 품질관리계획의 모든 활동계획action plan을 구체적으로 반영하여 계획을 세우는 것을 말한다.

2) 계층적 구분

경영계획은 용도와 목적에 따라 계층적으로 구분된다. 즉 경영계획은 다음과 같이 두 가지로 일반적으로 분류된다.

첫째, 전략적 경영계획은 기업 수준의 더 큰 범위의 경영계획을 말한다. 예컨대 기업의 장기적인 관점에서 신규 사업 또는 제품개발로 시장 점유율을 높이고자 계획을 수립하는 경우에는 기업 차원의 전략적 경영계획이라고 한다. 또한 신규 시장 또는 신규 브랜드를 도입하여 성장 계획을 도모하는 경우에도 전략적 경영계획이라고 본다. 즉 기업의 최고 경영자 수준에서 의사 결정하는 경영계획이 일반적이며 추상적이고 장기적인 관점에서 이뤄진다.

둘째, 운영적 경영계획은 사업부 차원의 기능적인 세부 활동 계획을 나타내는 것이 일반적이다. 예를 들어 마케팅 부서에서 마케팅 전략을 수립하고 구체적인 마케팅 믹스marketing mix를 활용하여 각 부서와 임직원들의 행동을 계획하고 실행하는 일련의 과정을 다룬다.

3) 기간에 따른 분류

경영계획은 장기적 또는 단기적 계획인가에 따라 기본적으로 다음과 같이 나눠진다.

첫째, 장기적 경영계획long term planning은 수년 동안 기업이 나아가야 할 목표와 전략, 실행방안을 제시하는 것이다. 단기적으로 1년 안에 이뤄질만한 계획이 아니다. 이는 수년간 기업이 장기적 관점에서 실행하는 방안을 모색하는 것으로 미래로 나아가는 전략을 담고 있다.

둘째, 단기적 경영계획short term planning은 기업이 1년 안에 실행 가능한

계획이다. 연간 계획을 세우는 것이 일반적이며 그 실현 여부를 산출된 실적을 통해 평가하는 것이다. 이는 그 실적 평가에 따라 계획 대비 부족한 부분의 원인을 찾아내어 단기적인 처방으로 개선책을 창출하는 것이다.

성공적 경영계획 사례연구

대한상공회의소가 300명을 대상으로 'ESG^{Environmental, Social and Governance} 경영과 기업의 역할에 대한 국민인식'을 설문조사에서 기업의 ESG 활동이 제품구매에 긍정적 영향을 주는지 묻는 말에 63%가 '영향이 있다'고 답했다. 또한 'ESG에 부정적인 기업의 제품을 의도적^{意圖的}으로 구매하지 않은 경험이 있는지' 묻는 질문에 70.3%가 '경험이 있다'고 답하였다. '사회공헌, 친환경, 근로자 우대 등 ESG 우수기업 제품의 경우 경쟁기업 동일제품 대비하여 추가 가격을 더 지불할 의사가 있다'고 답한 비율도 88.3%에 달했다. 국민연금은 ESG 투자를 대폭 확대할 것을 공식적으로 표명하였다. 다른 기관투자자들도 향후 'ESG 경영'을 고려한 투자에 나설 것이라고 하였다. 이와 같이 'ESG 경영'이 선택이 아닌 필수가 되면서 B2B 비중이 높은 물류산업^{logistics industry}에서 조차 'ESG 경영'에 나서는 기업이 늘고 있다.

업사이클^{Up-cycle}, 친환경 운송수단, 등 '환경'부분 개선에 적극 투자 물류기업들이 ESG 경영에 있어 매우 적극적으로 나서고 있는 부분은 환경 ^{Environment; 環境}이다. 특히 전 세계적으로 일어나고 '탈탄소화^{Decarbonization; 脫炭素化}' 바람 속 물류는 탄소배출이 많은 산업 꼽히고 있어 더 큰 노력이 요구되고 있다. 이를 위해 국내 물류기업은 탄소를 줄이기 위해 다양한 친환경 정책에 힘쓰고 있다. 특히 택배업계 빅3는 친환경차 도입에 적극적으로 나서고 있다.

물류기업들이 ESG 경영에 있어 가장 적극적으로 나서고 있는 부분은 환경^{Environment}이다. 특히 전 세계적으로 일어나고 '탈탄소화' 시대적 흐름 속에서 물류는 탄소배출이 많은 산업으로 꼽히고 있어 더 큰 노력이 요구되고 있다. 이에 국내 물류기업은 탄소를 줄이기 위해 여러 가지 친환경 정책을 내놓고 있다. 특히 택배업계 빅3는 친환경차 도입에 적극적으로 노력하고 있다.

롯데글로벌로지스는 2020년 4월부터 냉장·냉동 전기화물차 테스트를 성공적으로 마쳐서 국내 최초로 콜드체인 전기화물차 배송에 정식적으로 투입했다.

롯데글로벌로지스는 2021년 7월 콜드체인cold chain 차량을 포함한 친환경 전기화물차를 총 63대 운용 중이다. 2022년에는 200대까지 확대 운영할 계획이다. 또한 전기화물차 배송지원을 위하여 충전기 1대당 전기화물차 2대를 동시에 충전이 가능한 100kW급 급속 충전기 등 총 13기의 충전 인프라를 갖추고 있다.

친환경에 대한 노력으로 롯데글로벌로지스는 2019년 환경부 우수 녹색물류 실천기업 인증, 환경경영시스템 ISO4001 획득을 시작으로 2021년 5월, 환경부의 '업무용차량 100% 친환경차 전환' K-EV100 선언하였고, 6월에 화물차 미세먼지 저감低減 협약에도 참여하였다.

CJ대한통운은 직접 보유하거나 임차하고 있는 화물차 및 업무용 승용차 등 총 1천 600여 대를 2030년까지 전기차 등 친환경 차량을 바꿀 계획이다. 또한 전기차 충전소도 확대해 직원 차량과 고객 차량이 빠르고 효율적으로 충전할 수 있다.

한진은 전기 하이브리드 택배 차량을 제주도에서 시범운영 중이며 이를 분석해 차량을 실제 작업 현장에 투입할 예정이다. 더불어 SK루브리컨츠와 손잡고 친환경 윤활유 사용을 늘려 기존의 화물 차량에서 발생하는 이산화탄소 감축에 나선다. 롯데글로벌로지스도 콜드체인 전기화물차 시범 운영을 마치고 3대를 현장에 투입했으며 올해까지 총 20대, 내년에는 200대를 목표로 하고 있다.

현대글로비스는 '글로벌 녹색물류 선도기업 도약'을 목표로 삼고 이를 사업 전반에 적용하고 있다. 이마트와 '친환경 냉장 전기차 배송서비스 구축을 위한 업무협약'을 맺고 SSG닷컴의 배송차 일부를 친환경 전기차로 시범 전환한다. 현대글로비스는 이를 위한 차량 공급과 배송운영을 담당하고 있다. 또한 수소화물차 도입과 운영, 전기 상용차 충전 인프라 구축 등이 대표적이다.

해운의 경우 국제해사기구^{IMO}의 탄소배출 규제와 맞물려 있다. HMM은 '2050년 탄소중립'을 중장기 목표로 선언하고 2030년까지 온실가스 배출량을 50% 감축하기 위한 계획을 적극 이행 중이다. 지난 2018년부터 지금까지 약 3,600억원을 투자해 스크러버, 선박평행수처리장치, 육상전력공급장치 등을 설치했다. 또한 환경안전위원회를 설립해 환경경영 추진을 위한 중장기 및 세부 목표를 수립하고 성과를 주기적으로 평가·반영해 지속적으로 개선하는 작업을 하고 있다.

현대글로비스, 팬오션과 SM상선도 스크러버 설치, 저유황유 사용, LNG 연료추진선 신조발주, 육상전원공급설비 설치 등 대기오염 방지와 탈탄화를 위한 계획을 착실히 이행 중이다. 이 밖에도 물류기업들은 기존 물류망을 이용해 폐기물을 재활용하고 가치 있는 상품으로 만드는 업사이클링에도 적극적으로 나서고 있다. CJ대한통운은 폐플라스틱으로 제작한 친환경 재생 파렛트를 물류센터에 도입했으며 폐페트병 14개로 만든 친환경 유니폼을 도입했다.

한진은 재활용 컨설팅 기업 테라사이클과 손잡고 소비자와 기업을 대상으로 가정이나 회사에서 발생하는 일회용품 박스를 수거해 텀블러나 에코백 등의 친환경 제품으로 재자원해 판매할 계획이다.

ESG에서 사회는 '사회책임'으로 환경^{Environment}, 지배구조^{Governance}보다 비해 범위가 더 넓고 복잡한 주제다. 최근 강조되고 있는 기업의 사회책임경영은 과거와 같이 이윤을 사회에 환원한다는 단순한 개념에서 벗어나 기업활동의 생태계 구성단계에서부터의 책임경영을 뜻한다. 국내 물류기업도 건강한 물류 생태계를 구축하기 위해 다양한 사회책임경영 활동을 하고 있다.

롯데글로벌로지스는 다양한 채용을 통해 일자리 창출에 나서고 있다. 2022년 1월 오픈 예정인 진천메가허브터미널을 비롯한 전국 물류현장에서 지역인재를 확보해 지역경제 활성화에 앞장서고 있다. 또한 실버택배 등을 통한 노인일자리 창출, 장애인 의무고용 고용 초과 등의 성과 등을 올렸다.

택배기사 및 파트너사를 대상으로 포상, 건강검진, 자녀학자금 등을 지원하며 협력사와의 상생도 추구하고 있다. 이에 롯데글로벌로지스는 2020년에 고용노동부로부터 대한민국 일자리 으뜸 기업 및 인적자원개발우수기업으로 선정되었다.

한편 롯데글로벌로지스는 산업안전에 대한 책임경영을 강화하고 있다. 전 사업장 대상 주기적인 안전 점검 및 관련 투자를 계속 확대하고 있다. 지난해 7월 서비스분야 안전보건 우수사례로 고용노동부장관상을 수상했으며 올해 6월에는 안전보건경영시스템 ISO45001을 획득했다.

CJ대한통운은 공유가치창출Creating Shared Value, CSV을 위해 아파트단지 내 거점으로 운송된 택배상품을 노인, 청각장애인 배송원이 각 가정까지 배송하는 '실버택배', '블루택배' 서비스를 선보였다. 특히 실버택배는 UN에서 지속 가능경영 사례로 소개됐다. 한진은 우수한 지역특산물을 알리고 지역사회 활성화를 위한 공유가치 창출 활동의 일환으로 함안군, 농협과 함께 '함안수박 CSV' 프로젝트를 진행하고 있다. 또한 '원클릭 택배서비스'를 통해 전자상거래 시장의 핵심으로 떠오른 스타트업과 1인 창업자 등 하루 10건 내외로 택배를 발송하는 소상공인에게 합리적인 가격과 간편한 택배 서비스를 제공하고 있다.

ESG에서 지배구조Governance라 하면 ▲이사회 리더십 ▲임원 성과 및 보수 ▲회계 투명성과 내부위험관리 ▲주주권리보호 ▲뇌물·부패 ▲인권 등을 꼽는다. 국내 물류기업들은 이를 관리하고 개선하기 위해 다양한 노력을 진행 중이다.

롯데글로벌로지스는 ESG 책임경영을 위한 내실을 다지고 있다. 지난 7월 사내 ESG 전담조직, 8월에는 이사회 내 ESG위원회를 신설해 ESG 중심 경영의 의지를 드러냈다. ESG위원회는 '지속 가능한 가치를 미래세대로 전달합니다'라는 비전을 수립하고 'Green Logistics 2040' 전략 목표 달성을 위한 7대 중점 추진 과제를 선정했다.

7대 중점 추진과제에는 △ESG역량 강화를 위한 기반 및 인프라 구축 △DT기반 친환경 물류 솔루션 개발 △폐기물 및 탄소배출 저감 △안전·보건 중심의 업무환경 구축 △고객·사회 ESG 지원 강화 △적극적 대외 소통 △공급망 ESG 관리 역량 구축을 실현할 예정이다.

현대글로비스는 수행평가와 신용평가, 윤리경영 평가를 통해 매년 공급망의 ESG 리스크를 파악·관리하고 있다. 특히 전 사업장은 물론 협력업체에 이르기까지 ESG 요소를 효율적으로 관리하기 위한 체계를 갖췄다. 윤리 현장 및 실천규범, 협력사 행동 규범도 국제표준 요구사항에 맞게 전면 개정했다. 또 '현대글로비스 인권 헌장'을 제정해 임직원 및 이해관계자의 인권을 보호하고 있다.

HMM^{현대상선}은 지속 가능경영 추진 성과와 계획을 담은 '2020 지속 가능경영보고서'를 발간하여 재무적 성과뿐만 아니라 사회공헌, 환경, 노동, 인권, 윤리 등 비재무적 분야에도 지속적인 투자를 통해 성과를 창출할 목표를 가지고 있다. 글로벌기업 수준의 지속 가능경영 성과관리를 중/장기 과제로 설정하고 기업 가치 제고 및 경쟁력 강화를 위해 지속적 활동을 수행하고 있다.

—출처: 물류신문, 2021년 8월 13일자 발췌

제2장
경영조직

1. 경영조직의 개념

기업의 목표를 이루기 위해 효과적인 전략을 수행 가능한 조직을 갖추어야 한다. 예를 들어 프로야구에서 한 팀의 목표가 우승이고 상반기와 하반기 전략을 수립했다고 가정하자. 하지만 만약 제 아무리 완벽한 전략을 가지고 있다고 하더라도 목표를 이룰 만한 야구팀 조직을 갖추지 못했다면 우승이라는 것은 애당초 불가한 것이다. 우승을 위해서는 합당한 팀 조직을 갖춰야 하는 것은 당연하다.

경영조직이란 기업이 목표를 달성하기 위해 기업의 조직에서 과업을 할당하는 구조 또는 과정을 의미한다. 여기에서 경영조직은 두 가지의 큰 개념을 내포하고 있다. 첫째, 기업의 공식조직formal organization

을 구조적인 측면에서 조직organization이라고 본다. 둘째, 기업의 과정적인 관점에서 기업의 구성원의 직무를 분배하고 이러한 직무들이 결합되어 조직화 과정organizing을 포함하는 개념이다.

2. 경영조직구조

경영조직구조를 설명하기에 앞서 조직설계organizational design의 개념을 이해할 필요가 있다. 조직설계는 기업이 직면하고 있는 경영환경에 적합한 대응을 위해 조직의 구조 형태를 선택하는 의사결정을 의미한다.

쉽게 이야기해서 카르타고의 장군인 한니발 장군이 로마와의 전쟁(기원전 216년)을 수행함에 있어 군대조직의 구성형태를 〈그림 25〉와 같이 전술적으로 적절하게 수행함으로써 한니발 장군의 카르타고군(보병 2만, 기병 6천명)은 로마군의 4만 보병과 1만 기병을 괴멸시켰다.

한니발 장군의 카르타고군은 처음에서 "Λ"형태로 보병을 배치했다가 전쟁을 하는 도중에 "V"형태로 보병 조직 구성을 변경하여 강력한 로마보병을 중앙으로 끌어들였다. 이로 인해 발생한 측면의 틈을

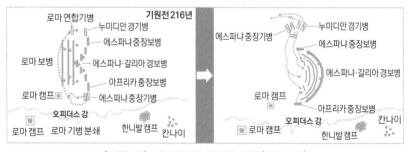

〈그림 25〉 카르타고와 로마의 전쟁(B.C.216)

이용해서 카르타고의 가장 강력한 조직인 경기병을 우회공격을 가능하게 하였다. 또한 아프리카 중장보병을 측면으로 공격하게 하여 로마군을 완벽하게 포위하여 전광석화電光石火와 같이 전쟁에서 승리할 수 있었다.

기업의 조직설계는 조직의 형태를 결정하는 의사결정이며 그 선택은 기업의 성패를 좌우하는 것이다. 조직설계를 통해 생성되는 것이 조직구조organizational structure이다. 즉 조직구조는 조직설계라는 의사결정을 통해 나타나는 조직의 형태라고 해석한다. 예컨대 〈그림 26〉은 익산 미르사지 석탑을 설계하는 것은 조직설계이고, 제조를 통해 만들어진 실체인 미르사지 석탑은 조직구조라고 한다. 따라서 조직설계는 기업의 상황에 적합한 의사결정이 이뤄져야 하며 조직설계를 한 이후에는 조직구조가 설계도에 맞도록 완성이 되어야 한다. 그렇지 않다면 그 실체가 완전하게 형태를 갖추기는 불가능에 가깝다.

〈그림 26〉 익산 미르사지 석탑
좌: 석탑 도면, 우: 석탑 사진(출처: 네이버 지식백과사전)

3. 조직설계 고려 요소

1) 권한과 책임

기업의 조직구조를 구성하는 원칙으로서 명확한 권한과 책임이 담보되어야 한다. 여기에서 권한authority은 경영구조에서 명령을 내릴 수 있는 지위와 그 명령에 복종할 것을 기대하는 지위를 부여하는 권리를 의미한다. 책임responsibility은 기업의 업무과정에서 부여된 활동을 실행함으로써 목표를 달성해야 하는 의무를 말한다.

기업의 상위 경영자는 전략을 수립하고 중간 또는 하위 경영자에게 업무를 명령하기도 하고 중대한 문제에 대해 의사결정을 한다. 또한 기업의 비즈니스상 필요한 업무와 절차를 조정하기도 하고 자원의 효율적 배분을 위한 권한을 부여받는다. 반면에 경영자는 조직으로부터 부여된 권한을 행사함으로써 수반되는 결과에 대해 책임을 지게 된다.

2) 감독범위

조직구조에서 감독범위span of control를 결정함에 있어서 기업의 사업형태 또는 성격에 따라 적정하게 관리되어야 한다. 만약 경영자의 각 계층별 감독의 범위를 너무 작게 하는 경우에는 조직의 계층이 늘어나게 된다. 이로 인해서 커뮤니케이션이 제대로 이뤄지기 어렵게 되고 비효율적인 조직이 되기 쉽다. 반대로 한 계층의 감독범위가 너무 넓은 경우에는 조직의 층이 짧아지기는 하지만 경영자의 감독범위가 지나치게 커서 경영능률이 감소되는 경향을 보인다.

〈그림 27〉은 Robbins, S. P. & Judge, T. A.(2012)의 내용을 참조하여 저자가 재작성하였다.

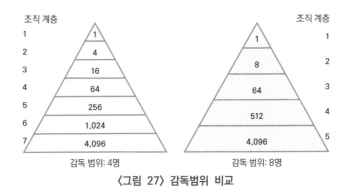

〈그림 27〉 감독범위 비교

기업의 구조설계에 있어 기업의 특성과 사업성격에 적합한 감독범위를 결정해야만 기업의 조직구조가 기업 목표 달성하는데 뒷받침될 수 있는 것이다. 그러므로 절대적인 기준은 존재하지 않으며 가장 적합한 감독범위를 고려해서 설계해야 한다.

3) 부문화

기업의 조직설계에 있어 어떠한 부문화departmentalization가 적절한지를 고려해야 한다. 여기에서 부문화는 조직의 업무를 하위집단으로 배분하는 것을 뜻한다. 예컨대 일반적으로 초창기의 기업은 업무를 배분함에 있어서 재경팀, 총무팀, 생산팀, 영업팀 등으로 나눠서 부문화를 한다.

기업의 규모가 커지는 경우에 기업은 업무 배분을 지역단위, 제품단위, 브랜드단위 등의 다양한 부문화를 시행한다. 예를 들어 식품회사가 제품별로 사업부로 나눈다고 가정해 본다면, 라면 사업부, 아이스크림 사업부, 제과 사업부 등으로 부문화해서 조직설계를 하는 경우가 많다.

기업이 이러한 부문화의 조직설계를 하는 이유는 동질의 제품을 묶어서 관리함으로써 더 효과적이라고 판단하는 것이다. 만약 시장별로 부문화가 목표 달성에 더 효과적이라고 본다면 기업은 당연히 시장별 부문화로 조직설계를 한다.

4) 업무특화

기업이 조직설계를 위해 고려해야 하는 요소로 업무특화work specialization할 수 있도록 조직구조를 창출해야 한다. 여기에서 업무특화는 조직구성원이 단일의 직무를 수행할 수 있도록 직무 배치를 하여 해당 업무에 대해 전문적인 지식과 노하우를 얻을 수 있도록 하는 것이다. 각 조직의 구성원들이 업무특화를 통해 생산성이 향상되며 전문성을 높인다.

조직구조 속에서 업무특화를 하지 못해 전문성을 키우지 못하는 경우에는 기업의 전체 생산성이 떨어지고 조직구성원들의 근무기간이 늘더라도 해당 업무에 집중적으로 투여하는 시간의 부족으로 전문적인 업무 습득은 요원해진다.

4. 조직구조의 영향 요인

1) 규모

조직구조는 기업의 규모에 따라서 큰 영향을 받는다. 기업의 규모가 커지게 되면 기업은 더 이상 초창기의 조직구조로는 효과적으로 기업목표를 달성하기 어렵게 된다. 왜냐하면 매출도 늘고 생산량이 증가하게 되면 내부 인원과 재고수준도 크게 변화하기 때문이다.

2) 기술

기업의 생산과정에서 기술의 발전으로 혁명적으로 변화가 일어나는 경우에는 생산조직을 새로이 구성할 필요가 생긴다. 예를 들면

〈그림 28〉 스마트공장

(출처: https://news.naver.com/main/read.naver?oid=050&aid=0000048494)

기업의 초창기에 오래 전에 개발된 기계로는 대량 생산에 한계가 있었다고 가정해 보자. 그런데 디지털 시대의 도래로 기계의 혁명적인 개선으로 스마트공장smart factory(〈그림 28〉)으로 변화되는 경우에는 조직도 그것에 따라 조직구조를 재구조화시켜야 한다. 그렇지 않은 경우에는 효율적인 경영관리를 달성하기는 절대적으로 어렵다.

3) 전략

기업의 조직설계에 있어 전략은 매우 밀접하게 관련되어 있다. 왜냐하면 기업의 장·단기 전략에 의해 조직설계는 크게 달라지기 때문이다. 예를 들어 기업이 해외 시장에 진출하고자 전략을 수립한 경우에는 그 전략에 적합한 조직구조로서 해외시장 전담부서 또는 현지 직접투자 등의 조직을 도입하여 목표 달성을 위한 뒷받침을 하는 것이다.

4) 환경

기업의 조직구조를 결정하는 중요한 요인으로서 기업을 둘러싸고 있는 환경이 있다. 사실 근래의 글로벌비즈니스 환경은 불확실성이 점차 확대되고 있다. 이러한 환경에 대비하여 기업은 더욱 유기적인 체제로서의 조직구조를 갖춘다. 또한 외부 기업과의 긴밀한 네트워크 체제로서 글로벌공급사슬관리가 대두되고 있는 주요한 이유이기도 하다.

환경의 변화가 많지 않은 경우에는 기계적 조직구조가 더욱 안정적으로 기업 운영을 가능하게 한다. 하지만 현재의 팬데믹과 같은 급변하는 환경 속에서 기업들이 생존을 위해서는 다른 공급업체 및 유통업체 등과 긴밀한 상호 협력과 정보공유가 필요하다. 그러므로 환경은 조직구조를 결정하는 주요한 요소가 된다.

5. 조직구조의 종류

위에서 살펴본 바와 같이 기업은 다양한 영향요소를 고려하여 조직설계를 하게 된다. 이러한 조직설계를 통해 나타나는 조직구조는 일반적으로 라인 조직, 라인 & 스텝 조직, 사업부제 조직, 기능별 조직, 매트릭스 조직으로 다양하다.

1) 라인 조직

조직구조에서 라인 조직line organization은 최고 경영자로부터 지침과 명령이 일원적인 방식으로 하부 구성원까지 하달되는 방식이다. 그러므로 의사결정구조는 'top-down 방식'이 보통이다. 이러한 조직의 장점으로는 최고 경영자의 의도가 신속하게 반영된다는 점이 있고, 의사결정의 방법과 결정시간도 상대적으로 짧은 경향이 있다. 하지만 단점으로는 의사결정에 있어 최고 경영자의 독단으로 흘러가는 경우에는 잘못된 방향으로 가더라도 바로잡는 것이 어려운 경우가 발생하기도 한다. 이로 인해 하위 경영자의 창의성이 결여되고 의욕상실이 발생할 가능성이 있다.

2) 라인 & 스텝 조직

라인 & 스텝 조직line, staff organization은 라인 조직의 명령의 일원화 방식에다가 스텝의 전문성을 가미하는 조직구조이다. 다시 말해서 라인 조직을 기초로 스텝 조직을 보강하는 조직으로 참모식 조직이라고도 한다.

라인 조직에서는 일반적으로 명령과 집행권한을 가지게 되고 스텝은 조직의 라인활동에서 조언의 권한을 얻게 되는 조직이다. 이러한 조직은 전문적인 스텝의 조언의 기능이 있어 라인 조직에 기능별 조직의 장점을 추가한 형태인 셈이다.

라인 & 스텝 조직의 장점은 명령 일원화를 이루면서 전문적인 스텝의 조언을 추가할 수 있다는 점이다. 또한 라인관리자들은 스텝들의 전문적인 지식과 조언을 활용할 수 있다.

이에 반해 단점도 있는데, 라인과 스텝 조직의 갈등이 발생하기도 하며 전문가인 스텝의 고용에 따른 관리비용이 증가된다.

3) 기능별 조직

기능별 조직functional organization은 근대 경영학의 아버지인 Taylor의 기능별 직장제도에서 유래했다고 본다. 기능별로 전문화의 원칙에 의해 전문 기능을 가진 각 기능별 관리자가 해당 기능에 관련하여 자신의 부서와 다른 부서의 하위 업무수행자에 대해 직접적으로 지시, 감독 및 명령을 할 수 있는 조직형태이다. 이러한 점에서 하위 업무수행자는 여러 기능별 관리자로부터 명령을 받을 가능성이 높아 최근의 조직 운영 방식에서는 많이 선택되지 않는다.

기능별 조직의 장점은 전문화의 극대화를 누릴 수 있으며 종업원들의 양성기간을 줄일 수 있다. 하지만 단점으로서는 명령의 통일성이 결여될 수 있으며 상위의 기능별 관리자들 사이에 갈등이 발생할 여지가 많다.

4) 사업부제 조직

사업부제 조직은 권한이양과 독립채산제도를 기반으로 분권적 조직구조이다. 이러한 방식의 조직구조는 현재의 대기업에서 많이 선택되고 있다. 왜냐하면 민주적인 운영에 대한 요구가 시대적인 흐름이 되고 있고 기업의 대규모화 및 다각화 요구에 적절하게 대응이 되는 조직구조이기 때문이다.

일반적으로 이 조직구조는 제품별, 지역별, 공정별 등으로 조직을 구분하여 독립적인 사업으로 운영되도록 권한과 책임을 동시에 위양하는 방식이다. 전체적으로 분권화된 조직구조로서 각 사업부는 라인부문이 되고 본사로서는 각 사업부를 총괄적으로 관리하는 조직형태이다.

사업부제 조직의 장점은 사업부별로 적절한 전략을 융통성 있게 적용이 가능하다는 점이다. 또한 사업부별로 책임을 분담하기 때문에 실적에 대한 명확한 평가가 가능해진다. 반면에 사업부제의 단점은 기업의 보유 자원에 대한 중복이 발생한다는 점이고, 사업부별로 운영되므로 사업부 이기심의 발생으로 기업 전체 이익을 대변하지 못하는 경우도 있다. 또한 최고 경영자의 통제력이 다소 떨어진다는 점도 지적되고 있다.

5) 매트릭스 조직

매트릭스 조직은 기업의 수평적 구조와 수직적 구조를 결합한 형태이다. 수직적인 측면에서 기능별 조직과 수평적으로 프로젝트 조직을 결합하는 방식이다. 즉 조직구성원이 기능별 조직에 속하면서도 프로젝트 구조에도 포함되는 방식이다.

매트릭스 조직의 장점은 기능별로 전문적인 구성원들의 협력적인 부분을 극대화할 수 있다는 점이며, 조직의 구성원들이 다양한 기능을 습득 가능하다는 점이다. 반면에 매트릭스 조직의 단점은 기업 내 자원 활용의 효율성이 떨어지는 점이 발생하기도 하며 전문가들의 업무 조정이 힘들 수도 있다. 또한 하위관리자로서 2명의 상위관리자가 있어서 업무에서 혼란이 발생하기도 하며 갈등이 생길 수도 있다.

조직문화 혁신 사례

대한상공회의소는 2021년 2월 14일에 발표한 '기업문화 Insight Report 2' 보고서를 통해 스마트하게 일하는 기업들의 6가지 전략을 공개했다.

스마트하게 일하는 기업들의 6가지 키워드

① 핵심가치 공유: Sharing Core Values
② 업무 행동규범 수립: Dos & Don'ts
③ 효율성 높이는 자율: Efficiency through Autonomy
④ 원활한 소통과 협업: Communication & Co-working
⑤ 결론 내는 회의: Meetings with Conclusions
⑥ 학습을 통한 성장: Learning & Development

대한상의는 자체 운영한 '기업문화 커피살롱'에서 발표된 8개 기업(네오위즈플레이스튜디오, 동아쏘시오그룹, 스마트스터디, 오렌지라이프생명보험, KT, 토스랩, 퍼시스, 풀무원)의 우수사례를 토대로 핵심 비법 6가지를 도출했다.

'기업문화 커피살롱'은 대한상의가 우리 기업의 기업문화 개선활동을 지원하기 위해 2019년부터 개최하고 있는 우수기업 사례 공유모임이다. 대한상의는 앞서 2019년 9월에 첫 번째 '기업문화 인사이트 리포트Insight Report'로 '기업문화 혁신을 위한 6가지 키워드'를 발표한 바 있다.

스마트smart하게 일하는 첫 번째 비결로 '핵심가치 공유'가 꼽혔다. 구성원들이 상호간 다른 생각을 하고 있거나 핵심가치에 공감하지 못한다면 조직의 목표로부터 멀어지기 때문이다. 일에 앞서 기업과 임직원이 핵심가치를 정한 다음 공유해야 한다는 것이다.

풀무원은 'Passion with TISO'라는 5가지 핵심가치를 전직원이 참여하여 만들었다. 우수사례 공모전('히든 히어로를 찾아라'), 실천 서약식 등을 통해 조직문화로 정착되도록 지속적으로 노력하고 있다.

자율부여를 통한 효율성 증대가 스마트하게 일하는 비결로 꼽혔다. 명확한 이유가 없이 불명확한 규범이나 정해진 장소와 시간에서 근무를 해야 한다는 고정관념을 버려야 하는 것을 말한다.

스마트스터디(주)는 업무공간, 휴가 사용일수, 근무시간을 개인의 자율에 맡긴다. 업무자산을 자유롭게 이용하도록 하고, 개인별 법인카드를 지급하여 업무범위를 자발적으로 판단해 사용하도록 한다.

퍼시스는 모바일mobile 환경에 맞도록 전층全層을 미팅 공간, 공동 공간, 라운지 등으로 분류하고, 자율좌석제를 도입해 소통과 자율에 입각한 업무방식을 구축하고 있다.

기업문화가 뛰어난 기업은 업무추진에 있어 소통과 협업을 중시했다. 경쟁보다 상호신뢰를 바탕으로 구성원이 업무에 대해 자연스럽게 피드백을 주고받을 수 있어야 조직 전체가 최적화된다는 것이다.

소프트웨어 개발업체인 (주)토스랩은 '잔디'라는 협업툴을 통해 상시 소통하고 있다. '주제별 대화방'을 만들어 관련 업무를 신속하게 논의하고 코로나19 이전부터 화상회의·영상통화 등을 활용해 불필요한 미팅을 최소화하고 있다.

스마트하게 일하는 기업은 회의문화 개선에도 노력하고 있다. 동아쏘시오 그룹의 회바회바(회의문화가 바뀌면 회사가 바뀝니다) 프로젝트는 '결론내는 텐텐 회의룰'을 운영하고 있다. 회의 주관자와 참석자가 지켜야 할 각각의 10가지 룰을 정한 것으로 효율성 있는 회의를 위한 자기진단 기능을 수행하고 있다.

KT의 '1등워크숍'은 1박 2일간 치열한 끝장토론을 통해 해결 방안을 도출하고 의사결정자인 스폰서가 시행여부를 즉시 결정해 이행하는 혁신 프로그램이다.

보고서는 다양한 학습을 통한 성장을 스마트하게 일하는 기업의 마지막 비결로 꼽았다. 회사에서 학습내용을 정하기보다 직원 스스로 역량 향상을 위해 학습방향과 내용을 설정하고 있다. 자발적 학습동기 부여로 개개인의 참여도와 역량을 한층 더 높일 수 있다.

오렌지라이프생명보험은 사내·외 전문가가 참여하는 200여개의 다양한 교육과정을 운영하고 있다. 현업전문가 심화교육 '오렌지 클라스', 매월 2회 '오렌지 열린 배움터' 등 다양한 프로그램을 시행하고 있다.

스마트스터디는 멤버들이 자유주제로 무엇이든 공유할 수 있는 자리인

'뤌로데이'를 상시적으로 운영하고 있다. 자신이 알고 있는 내용을 조직원들과 공유하거나 궁금한 주제에 대해 외부강사를 초빙하기도 한다.

박준 대한상의 기업문화팀장은 "밀레니얼 세대가 조직원의 절반을 차지할 정도로 경영환경이 바뀐 만큼 스마트하게 일하는 기업사례를 참고해 일하는 방식의 작은 변화부터 꾀한다면 효율성 증대와 함께 기업문화 개선을 이룰 수 있을 것"이라고 밝혔다.

—출처: 라이센스뉴스, 2021년 2월 14일자 발췌

제3장
경영지휘

1. 경영지휘의 개념

　기업이 목표를 설정하고 그 목표를 효과적으로 달성하기 위해 필수적으로 조직을 구성하게 된다. 이러한 조직이 구성된 후에 실제적으로 기업은 경영지휘를 통해 경영을 실행하는 과정이 필요하다. 즉 기업의 경영자는 조직구성원들에게 목표를 설명하고 동기 부여를 시키는 것이 필요하다. 또한 목표달성에 필요한 방법을 함께 모색하여 제반 활동을 지도하고 통제해야 한다. 그 과정에서 상호 의사소통의 과정은 매우 중요하다.

　기업의 경영지휘의 핵심적 구성요소는 크게 다음과 같이 3가지로 제시된다. 첫째, 경영의 지휘에서 우선적으로 조직구성원들에게 동기

motivation 부여시키는 것이 필수적이다. 만약 경영자의 의지만을 가지고 조직을 운영하는 경우에는 기업의 목표를 달성하기 사실상 불가능하다. 반면에 기업의 경영자가 실질적인 동기 부여를 조직구성원들에게 충분히 불러일으키는 경우에는 조직의 문화가 상대적으로 자발적으로 업무를 수행하게 되고 효율성이 증가하게 된다.

둘째, 경영지휘의 또 다른 핵심적 요소는 리더십leadership이다. 기업의 목표를 효과적으로 달성하기 위해 경영자의 리더십은 무엇보다 중요하다. 만약 경영자가 잘못된 리더십으로 일관한다면 기업의 성과는 오히려 부정적인 방향으로 나타나는 경우는 흔하다. 그러므로 기업 경영자의 리더십은 반드시 조직구성원들에게 긍정적인 영향을 미치도록 해야 하며 바람직한 리더십 배양을 위해 기업은 다양한 리더십 교육과 특강 등을 도입하여 혁신해야 한다.

셋째, 경영지휘에 있어서 경영자와 조직구성원들의 효율적인 상호 의사소통은 필수적인 요소이다. 일방적인 의사소통을 추구하는 경영자는 기업의 성과를 향상시키기 어렵다. 무엇보다 기업의 경영자는 하급관리자와의 다양한 채널로 애로사항을 접수하고 해결하는 노력을 다해야 한다. 또한 기업의 중요한 사항이나 정보는 주저 없이 상호 공유하고 허심탄회하게 의견을 교환해야 한다. 경영지휘의 핵심적 요소는 다음과 같이 더 자세하게 풀어서 설명하고자 한다.

2. 동기 부여

동기 부여를 설명하기 위해서는 동기motivation에 대한 개념 파악이 중요하다. 인간에게 동기는 얼마나 지속적이면서도 강하게 해 나가는

지와 어떠한 방향으로 나아가는지를 설명한다. 조직구성원이 일을 하고자 하는 동기가 강한 경우에는 방향성이 뚜렷하고 끈기를 가지고 강하게 일을 해 나갈 수 있다.

이 책에서는 고전 동기 이론과 현대 동기 이론으로서 대표적인 이론을 소개하고자 한다.

1) 고전 동기 이론: 내용 이론

(1) 매슬로우 욕구 이론

인간의 동기를 설명하는 고전적 동기 이론 중 하나인 매슬로우의 욕구 이론이 있다. 동기 이론의 아버지인 에브라함 매슬로우Abraham Maslow는 인간의 욕구 단계를 다섯 가지로 설명하였다. 아브라함 매슬로우는 1943년 "A theory of human motivation"이라는 논문을 통해 인간의 욕구는 계층적인 성격으로서 5가지 욕구를 가지고 있으며 우선순위가 있다고 주장하였다.

〈그림 29〉 Maslow 욕구 이론

인간의 욕구는 최초 단계에서 시작하여 처음 단계를 완전하게 충족한 경우에 다음 단계로 올라간다고 설명한다. 첫째 단계는 생리적 욕구physiological needs이다. 이는 인간이라면 맨 처음 생존의 단계로서 먹고, 마시고, 종족 번식 및 잠을 취하는 기본적인 본능의 단계를 말한다. 이러한 생존의 욕구가 채워지지 않는다면 더 이상의 단계로 나아갈 수 없다. 만약 생존의 욕구가 채워지는 경우에는 그 단계의 욕구로 올라간다.

둘째 단계는 안전의 욕구safety needs이다. 이 단계에서는 인간이 자연재해, 전쟁 및 자연으로부터의 공격 등으로부터 물리적, 생리적 안전을 보장받는 욕구를 말한다. 현대적 의미에서는 질병이나 재해로부터의 건강과 안녕 등의 안전을 의미하는 것이고, 직업과 관련하여 해고나 실업 등으로부터 안전을 보장받는 것이다.

셋째 단계는 애정과 소속의 욕구needs for love and belonging이다. 인간은 기본적으로 안전의 욕구에서 나아가서 어느 집단에 속하기를 원하고 애정의 관계를 갈망하는 존재이다. 그러므로 이러한 애정의 관계를 형성할 수 있고 집단에서의 소속감을 느끼기를 원한다.

넷째 단계는 존경과 자기존중의 욕구needs for respect by others and self-esteem이다. 자기가 속한 집단에서 소속감에만 거치지 않고 자신이 존경받고 자기존중을 받는 것을 갈망하는 욕구이다. 다른 사람에게 영향력을 미칠 수 있는 역량과 자신의 행위로 인해 조직구성원들로부터 존경을 받을 수 있는 위치로 가기 위한 욕구를 의미한다.

다섯째 단계는 자아실현의 욕구needs for self-actualization이다. 자아실현의 욕구는 인간의 최상위 단계의 욕구를 의미하며, 다음의 모든 단계를 충족한 사람만이 경험하는 단계이다. 자신의 잠재력과 능력을 최상으로 발휘하여 스스로 성장하기를 갈망하는 단계인 것이다.

기업이 다른 경쟁기업에 비해 우수한 인재를 유치하고 동기 부여를 위한 근무환경을 갖추어야 한다. 여기에서 언급하는 근무환경은 업무 가운데 신뢰, 정직, 좋은 서비스 정신, 확고한 품질 확실성 등을 모든 임직원들에게 충분하게 제공하는 것을 말한다. 이러한 과정은 자신들이 하는 업무에 대한 의미를 이해하고 찾게 되고 상위단계의 욕구가 채워지도록 도와준다.

(2) 허츠버그 2요인 이론

1960년대 심리학자 프레드릭 허츠버그Frederick Herzberg는 기업의 임직원들의 동기 요인과 관련하여 흥미로운 연구를 하였다. 이 연구는 다음의 요인들 가운데 과연 어떠한 요인들이 실제적으로 동기를 유인하는지를 살펴보는 것이었다.

1. 인정, 2. 성취감, 3. 일 자체에 대한 흥미, 4. 성장할 수 있는 기회,
5. 발전할 수 있는 기회, 6. 자신의 조직 내 책임의 중요성, 7. 임금,
8. 동료 및 조직 내 인간관계, 9. 상사의 공정한 대우, 10. 기업정책과 규칙,
11. 지위, 12. 직업의 안정성, 13. 상사의 친근함. 14. 근무환경

허츠버그의 연구결과, 위의 요인 중에서 직원들의 선택을 많이 받은 요인은 직무의 내용에 관련된 것이었다. 즉, 일을 통해서 느낄 수 있는 성취감, 인정을 받고 싶어 하는 것, 성장과 발전 가능성이 높은 직무, 일 자체에 대한 흥미 등이 가장 중요한 동기 요인이라는 결과를 알게 되었다.

반면에 근무환경, 임금, 직업의 안정성, 지위 등이 충분히 충족되지

못하는 경우에 불만족한 상태가 되기는 하지만, 반드시 동기유발의 요인으로는 되지 못하는 결과가 나왔다.

그러한 점에서 허츠버그는 2요인 이론으로서 동기 요인과 위생 요인으로 구분하였다. 다음과 같이 연구결과를 토대로 동기 요인과 위생 요인으로 분류하였다.

동기 요인 (motivators)	위생 요인 (hygiene factors)
성취감 일 자체에 대한 흥미 인정 책임의 중요성 성장할 수 있는 기회 발전할 수 있는 기회	기업정책과 규칙 근무환경 동료 또는 조직 내 인간관계 직업의 안정성 임금 지위

위의 허츠버그 2요인 이론의 관점에서 볼 때 기업이 더 나은 동기 부여를 하기 위해서는 임직원들이 직무를 하면서 성취감과 인정을 느낄 수 있는 환경을 조성해 줘야 한다. 또한 일을 함에 있어서 흥미를 가질 수 있도록 지원해 주고, 그 일을 통해 성장과 발전을 동시에 이룰 수 있도록 협조하는 것이 필요하다. 허츠버그는 〈그림 30〉에서 확인 가능하다.

〈그림 30〉 Frederick Herzberg

(3) XY이론

경영 이론가인 더글라스 맥그리거Douglas McGregor는 경영자가 동기 부여를 하는 방식은 직원들의 태도에 달려 있다고 하였다. 맥그리거의 XY이론은 전혀 다른 가정을 기초로 하여 도출한 이론이다.

① X이론

X이론에서는 직원들이 일을 하기 싫어하고 목표를 이루려고 하는 의지가 약하다고 본다. 또한 수동적인 태도를 가지고 있기 때문에 세밀한 감독과 지휘를 하지 않으면 일의 진척도가 상당히 지연될 가능성이 높다고 본다. 이러한 점에서 X이론은 프레드릭 테일러Frederik Taylor의 과학적 관리법과 유사한 측면이 있다고 여겨진다.[7] 이러한 X이론의 가장 강력한 동기 요인은 처벌과 공포 등의 경영 방식이다.

② Y이론

맥그리거의 Y이론에서는 다른 가정을 하였다. 사람들은 일을 하는 것을 즐기며 일은 노는 것이나 쉬는 것과 같이 자연스러운 활동이라고 보았다. 또한 일에 있어서 주어진 목표에 대해 달성하려고 자발적으로 노력한다고 가정하였다. 그 외에도 직원들의 생각과 태도는 매우 긍정적이고 창조적이며 문제해결력을 보유하고 있다고 가정하였다.

이러한 점에서 Y이론은 감독과 지휘 등과 같은 경영 방식보다는 자유로운 목표를 설립하게 하는 것이 바람직하다고 주장한다. 또한 경영진이 임직원들에게 제시한 목표치보다 넘는 실적을 만들 수 있도

---

7) Nickels, W. et al.(2015), "Understanding Business", 11th edition 내용 참조함.

록 자발적으로 일할 수 있는 환경을 조성하는 것이 필요하다고 주장한다. 이것이 가능하기 위해서는 일반적으로 권한위임empowerment이 요구된다.

Y이론에 의한 경영 방식을 이행하기 위해서는 경영자는 먼저 임직원들이 기업의 문제점을 찾도록 하는 것이 필요하다. 두 번째 단계로서 임직원들이 직접적으로 문제해결책을 고안하도록 해야 한다. 마지막으로 경영자는 임직원들이 스스로 실행하도록 독려해야 한다. Y이론에서는 이러한 방식을 통해 조직구성원이 자발적으로 일을 실행하도록 지원해 준다.

(4) 맥클레란드 욕구 이론

데이비드 맥클레란드David McClelland, 1917~1998는 그의 저서 『성취적 사회 the achieving society』(1961)에서 욕구 이론theory of needs을 내세웠다. 그의 이론에 의하면 인간은 세 가지 욕구(성취욕구, 권력욕구, 친애욕구)를 기본적으로 가지고 있다고 하였다.

첫째, 성취욕구need for achievement는 인간이 태어나서 인생을 살아가면서 크고 작은 일에 대하여 목표한 일은 이루어 성취하고자 하는 욕구를 말한다. 이러한 욕구는 인간이 기본적으로 보유하게 되는 욕구라고 주장하였다.

둘째, 권력욕구need for power는 인간이 자신의 삶을 영위하는 사회에서 영향력을 미칠 수 있는 힘을 가지려고 하는 것을 의미한다. 즉 인간은 누구나 사회 속에서 남들보다 더 큰 영향력과 지위를 갈망하게 되어 권력을 추구하는 욕구를 가진다고 보는 것이다.

셋째, 친애욕구need for affiliation는 인간은 사회 안에서 다른 사람들과

관계를 맺기를 원하고, 결속하고 동맹의 굳
건한 관계를 추구하는 욕구를 가지는 것을
의미한다.

사실 조직구성원들은 이러한 성취욕구, 권
력욕구, 친애욕구가 있다. 하지만 그것의 돌
출되는 정도는 사람마다 크게 다르다. 이러
한 점에서 경영자는 개개인의 욕구의 정도를
파악하고 이해하는 것이 필요하다. 조직구

〈그림 31〉 David McClelland

성원들의 성향을 선제적으로 파악하여 적재적소에 배치하고 강점을
활용하는 것이 필요하다. 조직의 리더나 팀장을 세우는 데 있어 반드
시 이러한 성향을 면밀하게 파악해야 한다. 또한 부서의 배치에 있어
서도 이러한 욕구를 제대로 검토하고 실행하는 것이 무엇보다 중요하
다. David McClelland는 〈그림 31〉과 같다.

2) 현대 동기 이론: 과정 이론

(1) 기대 이론

캐나다 출신의 산업 및 조직 심리학자였던 빅터 브룸Victor Vroom은
그의 저서인 『일과 동기work and motivation』(1964)에서 기대 이론expectancy
theory을 발표하였다. 이는 기대 이론에서 일을 통해 나타나는 결과에
대한 기대감에 의하여 인간행동은 결정된다고 보았다. 기업에서 한
해 동안 조직구성원이 노력을 통해 이루어진 성과가 나타나게 되고,
조직은 그 성과의 평가를 통해 보상이 이루어진다. 그러므로 보상은
개인의 목표달성 및 욕구 충족하는데 공헌하게 되는 것이다. 이러한

순환적 연결고리가 순조롭게 잘 이루어질 때 개인의 기대가 더 생기게 되어 동기 부여가 되는 것이다.

이러한 점에서 기대 이론은 과정적 동기 이론이라고 해석되는 것이다. 여기에서 기대 이론은 세 가지 측면에서 살펴볼 수 있다. 첫째, 노력과 성과 간의 관계를 살펴보면, 개인의 노력과 외부의 수많은 요인의 결합으로 성과로 이어지기 때문에 상당히 복잡한 양상으로 나타난다. 왜냐하면 개인이 아무리 최선을 다한다고 하더라고 외부의 요인에 의해 성과가 저조할 수도 있다. 만약 이러한 극도의 개인적 노력을 한다고 하더라도 성과로 이어지지 않는 구조가 된다면 동기 부여를 불러일으키는 것은 불가능하다. 하지만 기업의 외부적 요인을 보완시키고 적절한 지지로서 개인의 노력이 최대한 성과로 이어지게 하는 경우에는 동기 부여가 될 수 있다.

둘째, 성과와 보상 간의 관계를 보면, 조직 내의 성과가 무조건 합당한 보상으로 이어지는 것은 상당히 복잡한 형태를 보인다. 왜냐하면 조직구성원이 비록 고성과를 달성했다고 하더라도 기업의 보상체계는 근무 연수, 각종 수당, 기타 지원금 등의 다양한 방식과의 연계로 다른 양상으로 나타나는 경우도 있기 때문이다. 그러므로 기업의 경영자는 동기 부여를 위해 이러한 성과와 보상간의 합리적인 설계를 할 필요가 있다.

셋째, 보상과 개인의 목표와의 관계를 알아보고자 한다. 조직의 보상이 획일적으로 개인의 목표를 만족시키지는 못한다. 예컨대 개인의 목표가 조기퇴근과 일상적 행복이라면, 조직이 아무리 금전적 보상으로 많은 업무의 책임을 맡기는 경우에는 동기 부여가 될 수가 없다. 또 다른 예로서 개인의 성과가 좋아서 승진 차원에서 본사가 있는 서울로 발령을 내는 경우에 개인은 지방에서 여유 있는 삶을 추구하는 경우에는 동기 부여가 되지 않는 사례도 있다. 이와 같이 경영자는 개인의 목표와 기대를 우선적으로 파악하여 보상 체계를 갖추는 것이 필요하다.

(2) 공정성 이론

정치인이자 정치철학자인 존 아담스^{John Adams}는 그의 저서 『사회교환에서의 불공정성^{Inequity in social exchanges}』(1965)에서 공정성 이론^{equity theory}을 다루었다. 이는 사회비교이론^{social comparison theory}에 기초하여 심리적 과정에 집중하는 동기 이론이다.

공정성 이론에서는 인간들은 일반적으로 자신의 행위와 결과를 다른 사람과 끊임없이 비교한다고 본다. 만약 자신의 노동에 따라 기업으로부터 보상이 이루어진다면, 노동자들은 다른 사람들의 보상액과 비교해 본다고 주장했다. 여기에서 자신의 노동의 대가(보상액)가 같은 시간과 같은 노동행위를 했음에도 다른 노동자에 비해 현저하게 적다는 것을 인식하면 공정하지 않다고 느낀다는 것이다. 이러한 불공정함이 일을 하고자 하는 의욕을 없어지게 되고 더 이상의 동기 부여를 일으키지 못한다.

기업의 공정성을 논의할 때 분배공정성^{distribution justice}과 절차공정성^{procedural justice}으로 설명 가능하다. 여기에서 분배공정성은 누가 얼마나 받게 되는가에 관심을 가지는 것이다, 반면에 절차공정성은 누가 무엇을 갖느냐를 결정하는 과정이 얼마만큼 공정한가를 따지는 것이다. 공정성을 이야기할 때 오래전에는 분배공정성이 사회적 이슈이었지만, 최근에는 절차공정성이 더욱 중요한 문제로 대두되고 있다.

(3) 목표설정 이론

목표설정 이론goal-setting theory은 미국의 심리학자인 에드윈 로크Edwin Locke에 의해 제안된 이론이다. 그의 논문인 「Toward a theory of task motivation and incentive업무동기와 인센티브 이론을 향하여」(1968)에서 기본적으로 인간의 행위는 욕구, 조건형성 등이 아니라 의식적인 목표 또는 의도를 가진 노력에 의해 이루어질 가능성이 높다고 주장하였다.

목표설정 이론에서 기업에서 설정된 목표를 달성하기 위해 관리해야 할 주요한 요소는 두 가지이다. 첫째, 내적 동기 부여intrinsic motivation는 기업이 업무하는 과정에서 얻을 수 있는 성취감, 만족감 등으로부터 인간 내면의 보상을 통하여 동기가 부여된다고 하는 것이다. 예를 들어 김 모 과장이 기업에서 맡은 마케팅 부서의 목표가 해외시장매출액이 1천억 원이었는데, 열심히 노력하여 1천억 원을 3분기 내에 이미 달성한 경우에는 성취감과 만족감을 느껴 내적 보상을 받아 더 열심히 하려는 동기 부여가 되는 것이다.

둘째, 목표몰입goal commitment은 목표를 이루고자 하는 강도와 정도를 말하는 것이다. 조직 내 인간은 목표 달성을 하고자 하는 욕구가 강한 경우에는 지속적으로 목표를 이루기 위해 중단 없이 그 목표를 위해 나아가려고 하는 의지가 강해지고 동기 부여가 저절로 생겨난다고 보는 것이다. 예컨대 기업의 CEO인 박 회장은 평생 목표가 해외지사를 만들고 해외시장에서 자신의 브랜드를 확고히 새기는 목표를 수립한 경우에 목표몰입의 정도가 더욱 강할수록 동기 부여가 되어 목표 달성을 위해 지속적으로 해 나가는 것이다. 결국 이러한 목표몰입이 동기 부여가 되어 목표를 달성하게 할 가능성을 높인다.

(4) 자기효능 이론

미국의 심리학자 앨버트 반두라Albert Bandura는 자기인지학습의 창시자로서 대표적으로 자기효능 이론self-efficacy theory을 주장하였다. 이 이론에 의하면 인간은 경험을 통해 학습을 이어나가게 되고 자신의 일을 해 낼 수 있다는 자신감을 쌓게 되어 동기 부여가 되는 것이다. 또한 일의 업무 가운데 나타날 수 있는 부정적 피드백 또는 요인을 이러한 자신감을 통해 극복할 수 있다.

자기효능을 향상시키는 주요 방법은 경험을 통한 숙달enactive mastery이 대표적이다. 이것은 지속적인 연습과 경험을 통해 숙달된 수준까지 도달하게 되어 자기효능이 상승하게 된다. 결론적으로 지속적인 경험과 연습이 완벽함을 만든다고 보는 것이다.

자기효능을 높이는 또 다른 방법으로 대리학습vicarious learning 또는 간접적 관찰학습이 있다. 기업의 업무 중에서 다른 동료들이 업무하는 방식과 경험을 듣고 보는 가운데 대리학습이나 간접 체험을 하게 된다. 이러한 과정을 통해 간접적으로 학습을 하게 되어 지식이나 자신감을 얻게 되어 자기효능의 수준을 높이기도 한다.

(5) 자기결정 이론

기업 내 업무 가운데 조직구성원들은 자신의 업무를 스스로 통제하고 싶어 하고 내부적 동기에 의해 결정하고 싶어 한다. 이러한 주장을 에드워드 데시Edward Deci와 리차드 리안Richard Ryan이 그의 저서인 『인간 행동의 내부 동기와 자기결정Intrinsic motivation and self-determination in human behavior』(1985)에서 하게 된다. 즉 기본적으로 인간의 행동은 자신의 행동을 스스로 결정할 수 있을 때 자기 결정력을 느끼게 된다. 이 때 자신의 내적 동기는 상승하게 된다.

자기결정 이론의 기본 가정은 다음과 같다. 첫째, 인간들은 자신의 행위를 스스로 결정하고 통제할 수 있을 때 내적 동기가 증가한다고 본다. 둘째, 아무리 자신이 즐기던 일도 의무가 되는 순간 내적 동기는 급격하게 하락된다고 가정한다.

자기결정 이론에 의하면 인간은 자신의 행동을 누군가에 의해 규제되고 통제된다고 느낄 때 인간의 내적 동기는 급감하게 된다.

그러므로 자기결정 이론에 의하면 기업의 경영자에게 시사 하는 바는 조직구성원의 동기 부여를 위해서는 적절한 권한위임과 책임감 등을 통해 자신의 업무는 스스로 결정할 수 있도록 해 주는 것이다. 그렇다고 하더라도 무조건적인 권한위임은 부적절할 것이며, 상황과 조직구성원의 특성을 고려하여 동기 부여가 가능한 수준에서 결정하는 것이 필요하다.

3. 리더십

1) 리더십의 개념

리더십이 기업의 활동에 어떠한 의미가 있고 어떻게 작용하는지를 이해하는 것은 매우 중요하다. 수많은 학자들이 리더십에 대해서 언급하였다. 그만큼 리더십은 시대를 초월하여 조직의 형태나 크기에 상관없이 중요한 역할을 해 왔다. 리더십으로 인해 조직의 성과가 달라지는 것을 우리는 많은 경우에서 보고 있다. 예컨대 스포츠(야구,

축구 등) 경기에서 리더십이 뛰어난 지도자가 맡는 스포츠 팀의 성과는 확연히 달라지는 경우가 많다.

또한 기업의 CEO가 펼치는 리더십의 유형과 영향력의 정도에 따라 기업에게 완전히 다른 결과를 가져오는 것을 볼 수 있다. 미국 기업인 애플社의 CEO인 스티브 잡스Steve Jobs의 리더십을 정확하게 규정하기는 쉽지 않지만 그가 이끄는 기업은 세계가 놀랄 만큼 큰 성과를 만들어 낸 것을 우리는 알고 있다.

그렇다면 리더십은 무엇이며 어떠한 유형이 있는지를 알아보는 것은 실체에 더 근접할 수 있도록 도와줄 것으로 믿는다. 리더십에 대해 많은 연구 중에서 오래 전 Stogdill(1950)은 "리더십은 목표 설정과 목표 달성을 위한 조직화된 기관의 활동에 영향을 미치는 것이다"라고 하였다.

Kotter(1988)는 새로운 시각을 추가하였는데 리더십은 비강압적non-coercive 방법으로 어떠한 방향으로 조직을 이끌어가고자 하는 절차를 말한다고 하였다. 추가적으로 Bass(1990)는 리더십은 조직의 활동에 영향을 주는 절차뿐만 아니라 연관된 조직구성원들과의 상호작용의 개념까지도 포괄한다고 하였다.

이와 같이 리더십의 정의는 학자마다 상당히 다른 방식으로 해석되고 논의되어 왔다. 그만큼 리더십은 의식 체계로서 매우 다양한 방식으로 나타나고 실제적으로 조직의 구성원들에게 큰 영향력을 주는 것임에 틀림이 없다.

2) 리더십의 유형

리더십의 유형을 정확하게 해석하는 것은 상당히 어려운 일이지만 학문적으로 다음과 같이 3가지 유형으로 구분 가능하다.

첫째, 전제적 리더십autocratic leadership은 지도자의 독단으로 다른 구성원들과 협의 없이 의사 결정하는 것을 말한다. 전제적 리더십은 구성원들의 불만이 커질 가능성이 있으며 리더leader가 잘못된 결정을 하는 경우에는 바로잡을 기회를 놓칠 수도 있다. 하지만 전제적 리더십은 기업의 위기상황이나 응급을 요구하는 시점에서는 매우 효과적이다. 또한 기업의 숙련도가 낮은 직원이 많은 조직구조에서는 전제적 리더십과 같은 강한 리더십이 효과가 있다.

둘째, 참여적 리더십participative leadership은 민주적 리더십이라고도 불리며 의사 결정은 조직구성원들과 협의과정을 거쳐 이뤄진다. 참여적 리더십은 대체적으로 직원들의 만족도가 높으며 동기 부여에 있어 효과적이다.

셋째, 자유방임적 리더십free-rein leadership은 기업의 리더가 기업 목표를 설정하면 조직 구성원들의 자유로운 업무방식으로 목표를 달성하도록 하는 것이다. 즉 일방적으로 목표의 달성을 위해 경영자가 끌고 가는 것이 아니라, 목표 달성을 위해 직원들이 자신들의 비교적 자유로운 방식으로 업무 수행으로 목표를 성취하도록 하는 리더십이다. 결국 자유방임적 리더십은 조직구성원들의 자발적 동참과 창의적 업무방식을 장려하여 동기 부여하는 리더십이라고 할 것이다.

위의 세 가지 리더십 중에 절대적으로 더 나은 리더십은 없다. 그 조직의 상황과 경영목적에 맞게 리더십은 적용되어야 한다.

3) 리더십 이론

리더십을 설명하는 이론은 계속적으로 발전하여 왔다. 시대에 따라 리더십의 형태가 달라졌으며 기업의 상황에 맞도록 리더십은 매우 다양한 방식으로 나타났다. 이 책에서 다음과 같이 특성 이론, 행동 이론, 상황 이론으로 크게 구분해서 설명하고자 한다.

(1) 특성 이론

리더십에서 특성 이론은 기업과 사회 속에서 일찍이 규정되고 인식되었다. 여기에서 특성 이론은 리더는 본래 태어날 때부터 타고 나는 것이며 특징적으로 외모와 체구, 언행 등에서 차별적인 특성을 가진다고 본다.

예컨대 한국에서 박정희 대통령을 타고난 리더로 보는 사람은 많다. 그의 언행과 리더십은 배워서 터득한 것보다는 태생부터 지니고 나온다고 믿는다. 또한 중국의 마오쩌둥을 특성 이론의 관점에서 볼 때, 그의 리더십은 본성적으로 일반인과 구분되어 제스처, 구사용어, 추진력 등이 자연스럽게 리더로부터 베어 나오는 것으로 생각한다.

(2) 행동 이론

특성 이론은 지나치게 리더가 태생적으로 다르다고 해석함으로써 많은 논리적 모순과 현실적 괴리가 있었다. 사실 리더가 태어날 때부터 리더인 경우는 흔히 있는 일은 아니다. 그래서 이러한 이론적 한계를 극복하기 위해 나온 것이 행동 이론이다. 이 이론에 의하면 리더는 교육과 훈련 등을 통한 지속적이고 효과적인 방식으로 충분히 길러질 수 있다고 본다.

행동 이론에 의하여 기업들은 리더를 양육하기 위한 리더십 프로그램을 개발하여 중간관리자와 최고 경영자 등으로 키우기 위해 노력한다. 왜냐하면 충분한 교육과 훈련 프로그램을 이수하게 함으로써 리더가 갖추어야 하는 언어와 행동, 리더십 등을 학습함으로 훌륭한 리더가 될 것으로 믿기 때문이다.

(3) 상황 이론

초창기의 리더십 이론인 특성 이론, 행동 이론은 리더가 처하고 있는 기업의 환경 요소를 고려하지 않았다. 이러한 점에서 상황 이론은 리더가 접하고 있는 상황에 따라 적합한 리더십 형태가 별도로 정해져야 한다고 보는 것이다. 사실 상황 이론은 계속적으로 발전하고 있으며 여러 이론가들이 추가적으로 또는 다른 관점에서 발전시키고 있다.

① 피들러의 상황 이론

상황 이론을 최초로 소개한 학자는 미국의 심리학자 프레드 피들러 F. E. Fiedler였다. 그의 이론에 의하면 리더십 유형은 관계 지향적 리더십과 과업 지향적 리더십이 있다. 그는 LPC 척도Least Preferred Co-worker Scale를 도입하여 리더의 성격이 관계 지향적인지 과업 지향적인지를 알아내었다.

한편 상황 이론에서는 기업의 환경이 유리한 상황, 불리한 상황, 보통의 상황에서 어떠한 리더십이 더 기업의 성과가 높은지를 실증 분석하였다.

피들러의 실증분석 결과, 기업의 상황이 유리한 상황과 불리한 상황인 경우에는 과업 지향적 리더십이 더욱 기업의 성과를 증가시켰

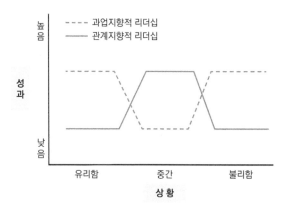

<그림 32> 프레드 피들러의 상황모형

(출처: Fiedler(1981), A theory of leadership effectiveness)

다. 반면에 기업의 상황이 보통의 상황인 경우에는 관계 지향적 리더십이 기업의 성과를 더욱 높게 만들었다. 예를 들면 세계적 불황 또는 세계 경제의 호황과 같은 상황에서는 과업 지향적인 경영 방식으로써 과감한 투자 또는 강도 높은 혁신 및 구조조정 등의 특단의 대처로 기업의 성과를 높일 가능성이 높다. 보통의 상황에서는 관계를 우선시하는 리더십으로 조직구성원들의 공감대를 형성하여 성과를 높일 수 있다.

② 상황적 리더십 이론

상황적 리더십 이론은 폴 허쉬와 케네스 블랜차드에 의해 쓰여진 저서인 『조직행동관리: 인적자원활용management of organizational behavior: utilizing human resources』(1977)에서 소개되었다. 상황적 리더십 이론에서 주요한 상황은 두 가지를 제시한다. 그들은 적합한 리더십 형태를 찾기 위해서는 리더로서 직원들의 업무성숙도와 심리적 성숙도의 정도를 파악해야 한다고 보았다.

〈표 1〉과 같이 조직 내 상황별로 요구되는 리더십의 형태를 상황적 리더십 이론에서 제시하고 있다.

〈표 1〉 상황적 리더십모델

업무성숙도	심리적 성숙도	바람직한 리더십
낮음	높음	코치형 리더십
낮음	낮음	지시형 리더십
높음	낮음	지원적 리더십
높음	높음	위임적 리더십

상황적 리더십 이론에서는 직원들의 업무성숙도가 낮으나 심리적 성숙도가 높은 경우에는 업무지향적인 방식으로 코치가 필요하다. 최대한 자세를 낮추고 업무상황을 이해시키면서 업무를 설명하는 것이 효율적이다.

업무성숙도가 낮고 심리적 성숙도도 낮은 경우에는 확실한 업무를 지시하여야 직원들이 더 빠르게 업무를 파악하고 실행할 수 있는 것이다.

업무성숙도가 높으나 심리적 성숙도가 낮은 경우에는 최대한 업무를 잘 수행할 수 있도록 지원해 주는 리더십이 더 효과적이다. 반면에 업무성숙도와 심리적 성숙도가 모두 높은 경우에는 업무를 최대한 위임하는 위임적 리더십이 더 효과적이다. 왜냐하면 그러한 직원들은 맡겨만 주면 업무와 목표 달성을 위해 충분히 동기 부여가 되어 있으며 실력도 갖추고 있기 때문이다.

③ 경로목표 이론

경로목표 이론은 미국의 사회심리학자 하우스[R. J. House]가 최초로 제안한 이론으로서 리더는 조직구성원들이 목표를 달성하도록 도와주어야 하며 방향을 명확하게 제시해야 한다고 주장한다. 또한 그들의 목표가 조직의 목표와 전반적으로 일치한다는 것을 믿게 하는 것이 필요하다고 하였다.

이 이론에서는 효과적인 리더는 현재의 상황을 정확하게 파악하여 명확한 방향을 제시해야 하고 장애물이 있다면 제거하여 목표를 비교적 쉽게 달성할 수 있도록 해야 한다고 주장한다.

경로목표 이론에서는 리더십 유형을 다음과 같이 4가지로 구분한다. 첫째, 지원적 리더십supportive leadership으로 리더가 조직구성원의 복지나 욕구 충족을 위해 노력하는 리더십을 말한다. 둘째, 지시적 리더십directive leadership은 과업을 정확하게 지시하는 것을 말한다. 셋째, 성취지

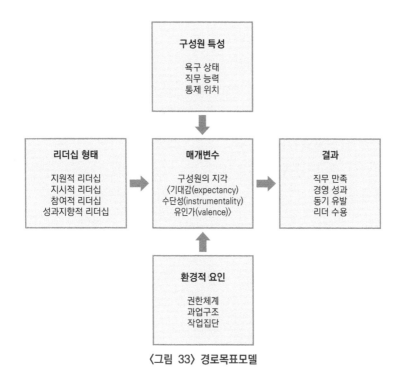

〈그림 33〉 경로목표모델

향적 리더십achievement oriented leadership은 리더가 조직구성원에게 도전할 만한 목표를 주고 그들의 능력을 극대화하여 달성하도록 하는 것이다. 넷째, 참여적 리더십participative leadership은 조직구성원들이 의사결정에 참여하도록 하는 리더십이다.

경로목표 이론에서는 목표를 달성하기 위해서 리더는 상황에 맞도록 위의 4가지 리더십을 선택 가능하다고 한다. 여기에서 언급하는 상황은 크게 두 가지로 제시하고 있다. 첫째, 환경의 상황 요인으로서 과업구조, 작업집단, 공식적 권한체계 등을 고려해야 한다. 둘째, 종업원의 상황 요인으로 경험, 능력, 통제의 위치 등을 고려해야 한다. 경로목표 이론을 더 자세하게 설명하기 위해 〈그림 33〉처럼 리더십의 형태는 상황에 맞도록 선택하여 목표를 달성하도록 해야 하는 것이다.

④ 리더-멤버 교환 이론

상황 이론으로서 리더십은 계속적으로 발전하게 된다. 프레드 댄서로Fred Dansereau, 윌리엄 하가William Haga 및 조지 그랜George Graen은 1975년 논문인 「리더십에 대한 수직적 쌍연결 관계」[8]에서 리더-멤버 교환 이론을 주장하였다.

리더는 기업이라는 조직에서 자신과 맞는 내집단in-group이 있으며 그들과 더 많은 커뮤니케이션을 하게 되고 신뢰관계를 만들어 나간다. 반면에 외집단out-group에 대해서는 공식적인 관계만을 이어가기 때문에 일반적으로 형식적인 관계로만 남게 된다. 이러한 외집단에 속하여 리더와의 관계가 멀어지는 경우에는 소기의 목표를 달성하는

---

8) 1975년 논문 "A vertical dyad linkage approach to leadership in formal organization"에서 리더-멤버 교환 이론을 소개하였다.

데 부정적인 역할을 할 가능성이 높다.

사실 내집단의 구성원은 리더와의 좋은 관계를 유지함으로써 높은 연봉, 업무성과의 향상, 업무만족도의 증진 등으로 이어지는 경우가 많다. 그러므로 리더는 내집단과 외집단에 적절한 대응으로 기업 전체의 이익을 높이도록 리더십을 발휘해야 한다.

⑤ 변혁적 리더십

변혁적 리더십transformational leadership은 미국의 정치학자인 제임스 번스 James Burns가 그의 저서 『리더십leadership』(1978)에서 제안한 것으로 리더십이 조직구성원들의 욕구를 충족시키는 과정이라고 하였다. 이는 다른 학자와는 전혀 다른 주장이다.

변혁적 리더십은 부하직원들의 창의성을 강조하고 책임의 분권화를 제시한다. 무작정 직원들을 통제하거나 관리하는 것이 아니라 직원들에게 영감과 창의성을 자극해 주는 것이다. 또한 직원들에게 자신감을 고취해 주는 것이 변혁적 리더십의 핵심이다.

여기에서 변혁적 리더십과 다른 개념으로 거래적 리더십을 이해할 필요가 있다. 상대적으로 거래적 리더십은 리더와 조직구성원간의 이해 타산적 관계를 기반으로 하고 업무역할과 요구사항을 정확하게 전달하는 것을 필요로 한다. 또한 규정과 법규 등을 엄격하게 적용하는 것이다.

반면에 변혁적 리더십은 리더와 조직구성원간의 공동목표를 추구한다. 또한 리더는 변화지향적인 관점에서 비전을 제시하고 직원들의 자존감을 고취하는 것을 목적으로 한다.

변혁적 리더십은 버나드 배스Bernard Bass에 의해 더욱 한 단계 발전하게 된다. 그는 변혁적 리더십과 거래적 리더십의 관계를 서로 반대되는 개념이 아니라 동일한 차원에서 연결이 가능한 관계라고 주장하였다. 즉 상호 배타적이지 않다고 하였다. 왜냐하면 현실의 리더는 변혁적 리더십과 거래적 리더십의 중간적인 위치에 있기 때문이다. 그러므로 리더는 변혁적 리더십과 거래적 리더십을 적정하게 배합하여 목표를 효과적으로 달성하도록 노력해야 한다.

4. 커뮤니케이션

1) 커뮤니케이션의 개념

커뮤니케이션communication은 보통 의사소통으로도 불리며 모든 조직은 조직 내 커뮤니케이션을 통해 조직 활동이 운영된다. 따라서 경영지휘에 있어 핵심적인 역할을 하는 것이다. 만약 조직 내 경영자가 아무리 리더십과 조직구성이 효과적이더라도 (커뮤니케이션이 원활하지 않다면) 경영지휘에 있어 실패할 가능성이 매우 높다.

커뮤니케이션은 송신자sender의 의도를 수신자receiver가 이해하도록 정보를 전달하는 것이며 효과적인 커뮤니케이션은 송신자가 전달하고자 하는 정보가 수신자에게 정확하게 전달하는 것을 목표로 한다.

커뮤니케이션은 경영자에게 매우 중요한 관리요소로서 커뮤니케이션 과정을 통해 계획, 조직, 지휘 및 통제를 실행한다. 최고 경영자의 계획과정에 있어 주요한 정보를 조직구성원으로부터 제공받아야 하며, 최고 경영자는 계획을 효과적으로 전달해야 한다. 또한 조직화와 지휘에 있어 조직 내 합리적인 커뮤니케이션의 방법으로 이루어져야 한다. 경영의 실적을 평가하고 통제하는 과정에서도 경영자는 조직구성원과 외부 공급업자, 유통업자 등과 커뮤니케이션을 통해 문제점을 도출하고 해결점을 제시해야 한다. 이러한 차원에서 커뮤니케이션은 경영자의 핵심적인 관리 대상이다.

2) 커뮤니케이션 과정

커뮤니케이션 과정은 일반적으로 〈그림 34〉와 같이 이루어진다.

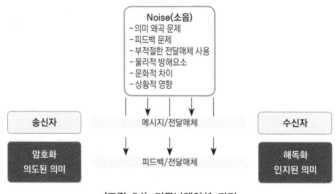

〈그림 34〉 커뮤니케이션 과정

(참조: Schermerhorn & Bachrach(2020), "Management", 14th edition, John wiley & sons, Inc.)

커뮤니케이션 과정은 송신자의 의도를 암호화시켜 전달매체를 통하여 메시지를 수신자에게 전달한다. 이 과정에서 소음이라고 할 수 있는 방해물이 있다. 구체적으로 보면 의미가 왜곡되거나 피드백이 없는 경우에 효과적인 커뮤니케이션이 되지 않는다. 또한 부적절한 전달매체를 이용하거나 물리적으로 방해되는 요소에 의해 의미전달이 제대로 되지 않는다. 송신자와 수신자의 문화적 차이와 상황적인 영향으로 인해 때로는 의사전달이 온전하게 되지 못한다.

3) 커뮤니케이션의 수단

조직 내 커뮤니케이션이 원활히 이행되기 위해서 매개수단이 있어야 하는데, 일반적으로 그 수단으로 문서, 구두 및 비언어적 커뮤니케이션이 있다.

(1) 문서 방식의 커뮤니케이션

문서 방식의 커뮤니케이션은 상당히 다양한 형태를 가지고 있다. 간단한 리포터부터 복잡한 방식의 체계적 문서까지 실로 종류가 여러 가지이다.

문서로 하는 의사소통은 공식적인 기록과 관리가 용이하다는 장점이 있다. 또한 대중 또는 조직 대다수에 메시지 전달할 때 충분한 검토의 시간이 있어서 오류를 사전에 차단할 수 있다. 하지만 문서 방식의 의사소통은 검토하는 시간이 오래 걸려 자칫 적기를 놓칠 수도 있다. 피드백의 시간이 많이 걸리고, 만약 피드백이 없는 경우에는 내용의 정확한 전달 여부 확인이 어렵다는 단점이 있다.

(2) 구두 방식의 커뮤니케이션

기업이나 여타 조직에서 구두에 의한 커뮤니케이션도 많이 활용된다. 여기에서 구두에 의한 의사소통은 직접적인 대화를 통해 정보를 전달하는 것을 의미한다. 구두에 의한 의사소통의 종류에는 직접 대화, 전화 통화 및 집단토론 등의 다양한 방식이 있다.

구두 방식의 커뮤니케이션 장점은 신속한 정보 전달에 있다. 시간을 다투는 문제 해결과 대응이 필요한 경우에는 빠른 의사결정에 이은 구두 방식으로 전달하는 것이 필요한 경우도 있다. 또한 대화 상대방으로부터 빠른 피드백을 받을 수 있어 의사결정 수정이나 반영을 빠르게 할 가능성이 높다. 더 나아가 조직구성원들이 경영자와의 회의를 통해 어떠한 문제가 우선적으로 중요한가를 인식할 수 있다.

반면에 구두에 의한 의사소통은 단점을 동시에 내포하고 있다. 예를 들면 경영자와 조직구성원의 대화에서 명확하지 않은 용어를 사용하거나 주위의 소음 등으로 인해 효과적인 대화가 되지 못할 가능성도 있다. 또한 시간적으로 많은 생각과 검토를 하지 못한 상태에서 표현된 발언으로 때론 부적합한 커뮤니케이션이 될 수도 있다. 구두로 이어지는 커뮤니케이션은 기록으로 남지 않아 향후 업무 및 현안 처리에 있어 혼선을 가져오기도 한다.

(3) 비언어적 커뮤니케이션

기업 조직 내 의사소통과정에서 문서와 언어적 방식 외에도 비언어적nonverbal 소통 방식이 있다. 그 종류로는 제스처, 표정, 신체적 행동 등의 다양한 방법이다. 비언어적 방식은 언어적 표현을 부가적으로 제시함으로써 효과성을 높일 수 있다. 하지만 비언어적 방식은 자칫 전달하는 내용이 모호해질 가능성이 있다. 또한 그 표현에 있어 문화적 차이로 인해 전혀 다른 의미로 전달될 여지가 있다. 따라서 조직 내 커뮤니케이션에서는 비언어적 방식과 다른 방식을 추가적으로 활용하여 보다 명확하게 전달할 필요가 있다.

4) 커뮤니케이션 과정 관리

(1) 장애물 파악

커뮤니케이션 과정에서 장애물을 파악해서 이것을 예방한다면 더 나은 의사소통을 만들 수 있다. 경영자는 조직 내에서 상호 소통에 장애가 되는 원인을 파악하는 것은 매우 중요하다. 만약 이러한 소통의 원인을 찾아내지 못한다면 정확한 진단과 처방이 불가능하다. 그러므로 일반적으로 커뮤니케이션상 장애물을 아래와 같이 분류한다.[9]

첫째, 송신자와 관련된 장애물이다. 기본적으로 다음과 같이 송신자는 여러 가지 바람직하지 못한 점이 있다.

① 커뮤니케이션의 목표의식 결여

송신자가 왜 의사소통을 하고 있는지를 잃어버린다면 정확한 의미 전달이 어려워진다.

② 부적합한 준거틀과 비신뢰성

송신자가 부정확한 준거점 혹은 준거틀을 제시하는 경우에는 정확한 정보 전달이 어려워진다. 이로 인해 메시지제공자의 신뢰성이 역시 떨어진다.

③ 낮은 커뮤니케이션 기술

기업 내의 경영자가 낮은 수준의 커뮤니케이션 스킬skill로 그룹을

---

9) Griffin(2016), "Management", 12th edition, Cengage learning Ltd.를 참조하여 작성함.

지도하는 경우에는 상호 소통의 효율성이 현저하게 떨어진다. 이로 인해 잘못된 방향으로 의사소통이 이어지게 되는 장애물이 생겨나게 된다.

④ 대인 감수성의 부족

조직 안에서 이뤄지는 대화나 소통 중에는 내부적으로 공감이 필요한 영역이 있는데, 경영자가 이러한 대인감수성이 현저하게 떨어지는 경우에는 조직구성원과 효과적인 커뮤니케이션을 만들어 내기가 어렵다.

둘째, 조직 내 소통에 있어서 수신자에게 발생할 수 있는 장애물이 있다. 정보를 받아들이는 데 있어서 잘못된 태도나 방법으로 인해 오해가 발생하기도 왜곡되기도 한다.

① 수신자의 평가적 경향

조직 내에서 일어나는 커뮤니케이션 내용에 대한 수신자들이 이미 평가를 내린 상태에서 수신하는 경우에는 효과적인 의사소통이 될 수 없다. 왜냐하면 정보의 전달에서 왜곡된 방향으로 평가되어 객관성을 잃어버리게 되기 때문이다.

② 반응피드백 결여

송신자의 메시지 전달에 대응하여 피드백이 있는 것이 일반적이다. 하지만 수신자의 아무런 피드백이 없거나 부적합한 반응이 돌아온다면 효과적 커뮤니케이션이 되기는 어렵다. 오히려 송신자에게 부정적인 영향을 주거나 조직의 바람직한 성과를 달성하기 어렵게 한다.

③ 선입견

기업에서 전달되는 정보에 대해 수신자가 선입견을 가지고 일관한다면 효율적인 의사소통이 되지 않는다. 기업의 소회의 또는 대회의를 통해 논의되는 정보를 열린 마음으로 공감하고 경청할 때 바람직한 방향으로 의사소통이 이어질 수 있다.

④ 선택적 지각

수신자의 준거틀에 의존하여 정보를 선택적으로 인식하는 경우에는 완전한 이해는 불가능하다. 만약 수신자가 자신만의 시각으로 정보를 흡수하고 선택적인 방식으로 기억할 때 커뮤니케이션은 어떤 특정한 장애물을 형성하게 된다.

(2) 효과적인 커뮤니케이션 방법

경영의 계획, 조직, 지휘 및 통제의 전 과정에 걸쳐 이뤄지는 것은 조직 내 끊임없이 실행되는 커뮤니케이션일 것이다. 이는 전 영역에서 부서 간 또는 다른 업체 간 이뤄지는 것으로 효과적인 커뮤니케이션은 무엇보다 중요하다. 이것은 기업의 성과와도 직결되는 중요한 요인이다. 이러한 점에서 효과적인 커뮤니케이션을 알아내는 것은 의미 있는 일이다. 다음의 3가지 방법을 고려해 보는 것이 필요하다.[10]

첫째, 송신자는 우선적으로 신뢰성을 확보하는 것이 중요하며 정보에서 활용되는 용어의 선택에 주의해야 한다. 또한 항상 정보전달에 있어 수신자의 입장을 고려해야 하며 수신자로부터의 피드백을 신중

---

10) Schermerhorn & Bachrach(2020), "Management", 14th edition, John wiley & sons, Inc.

하게 활용해야 한다.

둘째, 수신자 입장에서는 주어지는 정보에 우선적으로 흥미와 관심을 가져야 한다. 이를 위해서는 경청하는 자세를 가져야 한다. 또한 송신자의 입장을 항상 고려하여 이해하는 태도가 필요하다.

셋째, 공통적으로 송신자와 수신자가 가져야 하는 자세로는 다양한 커뮤니케이션의 채널channel의 장점을 잘 활용하는 것이 필요하다. 최근에는 SNS를 이용하거나 기업 내 통신창을 이용하여 쉽게 의사소통할 수 있는 플랫폼을 조성하고 활용하는 것도 고려해야 한다. 또한 상호의사소통에서 상호 존중하는 태도가 요구되며 상호 이해와 정확한 접수를 확인하는 과정이 필요하다. 아무런 피드백이 없는 것은 상호 의사를 확인할 방법이 없어 기업의 활발한 의견조정과 반영을 위해서는 반드시 피드백을 자유로이 할 수 있는 체계를 가지는 것이 매우 중요하다. 효과적인 커뮤니케이션이 완성되기 위해서는 상호간 존중하고 이해하는 조직문화가 반드시 필요하다.

제4장
경영통제

1. 경영통제의 개념

경영통제는 기업이 성과표준을 설정하고, 이를 달성하기 위해 영업을 실행하여 나온 실제 성과를 성과표준과 비교하는 것으로 그 차이를 도출하여 기업의 활동을 개선 및 수정하는 것이다.

경영통제는 당연히 기업의 계획과 연계되기 때문에 계획의 정확한 산정을 위한 활동이 선행되어야 한다. 다시 말해서 계획을 실정에 맞도록 설정하기 위해서는 각 분야의 경영자와의 지속적이고 심도 있는 논의가 전제되어야 한다. 이러한 계획을 바탕으로 성과표준이 제정되어 각 부서별로 목표가 산출된다.

경영통제에 있어서 성과표준은 기준이 되는 중요한 요소이다. 따라서 기업은 각 부서별, 개인별 성과표준을 우선적으로 합리성을 기초로 수립해야 한다.

2. 통제의 과정

1) 성과표준과 성과측정 방법 결정

경영통제를 효과적으로 수행하기 위해서는 기업은 성과표준을 합리적이고 실용적인 방법으로 각 구성원과 조직별로 구체적으로 수립해야 한다. 이것은 각 구성원들과 경영자의 지속적인 협의와 고민의 시간을 통해 제정되어야 한다.

성과표준이 설정되면 각 기업의 운영활동에 대한 측정 방법을 선정해야 한다. 가급적이면 객관적이면서도 계량화가 되어야 한다. 이러한 측정이 가능하기 위해서는 성과표준(또는 목표)이 SMART11)해야 한다.

2) 성과측정

성과측정 방법에 의해 측정된 결과를 기초로 해서 실제 성과를 도출해야 한다. 예를 들어 생산관리팀의 불량률에 대한 성과표준으로 1년간 1% 이내로 성과표준을 정한 경우에 사전에 선정된 성과측정 방법으로 연간 누적 불량률을 도출해 내는 것이다. 이러한 성과측정

---

11) 여기에서 "성과표준(또는 목표)이 SMART(Specific, Measurable, Achievable, Relevant, Time-bound)해야 한다"는 의미는 목표가 세부적이고 측정 가능하며 성취 가능해야 하며 연관성이 있고 시간적 제한을 포함해야 하는 것이다.

방법은 반드시 사전에 선정된 방법으로 지속적으로 산출해야 하며, 중간에 바꿔서는 안 된다. 만약 성과측정 방법을 바꾸고자 하는 경우에는 내부적인 절차와 협의를 충분히 거친 다음 정정해야 한다.

3) 성과표준과 실제 성과와의 비교

실제 기업의 운영활동에 따른 성과는 기존에 설정한 성과표준과 차이가 날 가능성이 충분히 있다. 왜냐하면 상황이 변할 수도 있고 여러 가지 문제가 생겨날 수도 있으며 성과표준 자체가 잘못 설정될 가능성도 많기 때문이다.

만약 기업의 성과표준에 비해 실제 성과가 낮다면, 기업의 경영자는 경영통제로서 해당 차이에 대한 원인을 분석해야 한다. 또한 이 단계에서는 성과표준이 현실적으로 제대로 설정되었는지도 검증이 필요하다.

반면에 성과표준에 비해 성과가 월등하게 높다면 당연히 기업의 활동이 상당히 효율적으로 운영되는 것으로 평가할 수도 있지만, 성과표준의 자체가 비현실적인지 아닌지를 검증해야 한다. 또한 성과표준을 넘을 수 있었던 성공 요인을 찾아낼 필요가 있으며, 이러한 요인을 더욱 강화하여 차후 기업 활동을 더욱 증진시킬 수 있다.

4) 수정활동

기업의 경영통제 목적은 결코 단순하게 억압을 가하거나 구성원들을 힘들게 하는 것은 아니다. 실무적으로 많은 조직구성원들이 '경영통제'라는 용어에서부터 큰 부담감을 가지는 경우가 많다. 하지만 경영통제의 목적은 성과표준과 실적과의 괴리를 좁히고 기업 경영의 효과성을 증진하는 데 있다.

성과표준에 비해 성과가 나빠진 경우에 경영자는 경영통제활동을 통해서 원인을 도출하고자 한다. 이것은 여러 가지 경영지표를 통해 객관적으로 알아낼 수 있다.

우선적으로 원인을 파악해 낸 경우에는 원인에 대한 해결책을 만들어야 한다. 일반적으로 이를 해결하기 위해 활동계획서action plan를 작성하고 일자 관리를 통해 결론적으로 문제해결하기 위해 관리한다.

만약 활동계획서와 스케줄 관리를 통해 지속적으로 경영통제를 시도했으나 해결이 되지 않는 경우에는 다시 한번 성과표준이 현실적으로 성취 가능한지를 검토해야 한다. 또한 각 경영처방이 활동계획서에 합리적으로 반영되었는지 확인해야 한다. 이와 더불어 스케줄 관리가 형식적인 면이 없었는지 확인할 필요가 있다.

3. 효과적 통제체계

기업의 경영통제가 효과적으로 운영되기 위해서는 필요한 요건이 있다. 따라서 기업의 경영자는 통제체계 구축을 위해 다음의 요건을 반드시 반영해야 한다.

1) 효과적 통제체계의 요건

경영통제가 효과성을 극대화하기 위해서는 다음의 요건을 갖춰야 한다. 첫째, 신축성이 높은 통제시스템이어야 한다. 세계 경제의 환경은 불확실성의 연속이며 끊임없이 변화하고 있다. 따라서 기업의 경영통제체계도 이에 따라 변화를 반영할 수 있도록 융통성을 확보해야 한다. 상황에 맞는 신축성 있는 통제를 구현해야 효과적인 경영통제가 되는 것이다.

둘째, 정확성과 적시성을 동시에 보유하고 있어야 한다. 경영통제가 제대로 작동되기 위해서는 정확한 정보를 기반으로 판단할 수 있도록 체계를 정비해야 한다. 또한 적시에 경영통제가 되도록 시스템을 갖춰야 한다. 필요한 시점에 경영통제가 이뤄질 수 있도록 경영자는 노력해야 하고 조직문화와 운영체제도 경영통제가 효과적으로 될 수 있도록 적극적으로 지원해야만 한다.

셋째, 경영통제가 실제성과 경제성을 보유해야 한다. 경영통제의 비용이 수익보다 더 큰 경우에는 경제성이 전혀 없다는 의미이다. 따라서 경영통제를 통해 기업의 수익이 개선되어야 한다. 또한 경영통제가 실제적으로 현존조직에 적합해야 한다. 실제성이 없는 통제체계는 현실적으로 실현되기 어렵기 때문이다. 현재 존재하고 있는 조직과 시스템을 대상으로 통제가 효과적으로 수행되어야 한다.

넷째, 경영통제가 조직구성원이 이해 가능해야 하며, 공감을 얻어야 한다. 경영통제가 조직구성원이 충분히 납득할 만한 내용이 되어야 하고 긍정적으로 수용되도록 설계해야 한다. 과도하고 부정적인 방법으로 일관하는 경영통제는 결코 성공적인 결과를 도출하기에 한계가 있다.

2) 통제체계 구축의 일반적 문제점

기업이 일반적으로 통제체계를 구축함에 있어 다음과 같은 바람직하지 못한 방향으로 수립하는 경우도 있다. 첫째, 단기적인 목표에 치우쳐 장기적인 목표를 간과하는 경향이 강하다. 경영통제의 측면에서 보면 짧은 기간 동안에 발생하는 실적을 바탕으로 모든 경영활동을 평가하여 기업의 장기적인 목표를 간과하여 판단하는 경우가 많다. 이를 예방하기 위해 장기적 목표를 반드시 따로 설정하고 관리하는 것이 필요하다. 단기적인 성과표준을 별도로 표시하여 통제하는 것이 중요하다.

둘째, 기업 환경의 변화를 신속하게 반영하지 못하는 한계가 있다. 경영통제가 자칫 시장과 제품의 혁신적인 변화를 반영하지 못하고 현재의 관점에서 획일적인 시각으로 통제 관리하는 경향이 있어 주의를 요한다.

셋째, 기업의 운영활동 중에서 측정할 수 없는 요인들이 다수 있지만 경영통제체계 구축에 있어 이러한 요인들은 현실적으로 누락되는 경우가 많다. 예컨대 기업의 조직문화와 조직구성원의 사기진작 등과 같은 요인은 사실상 도출해 내기 어렵고 관리요소로 보기도 쉽지 않다. 그러므로 경영통제의 측면에서는 이러한 측정할 수 없는 주요한 요인까지도 파악하여 반영하는 것도 필요하다.

넷째, 경영통제체계 구축에서 조직에 적합하지 못한 방법을 채택하여 운영하는 문제가 있다. 대기업에서 통제관리시스템을 그대로 중소기업에 적용하는 경우에는 많은 문제점을 나타낸다. 간혹 다른 기업들에서 성공적으로 활용된 경영통제 방법을 수정 없이 자신의 기업에게 무조건 적용하는 경우에는 큰 어려움에 봉착하게 되고 효과성도 많이 떨어지게 되는 것이다.

경영자 수준별 요구되는 경영활동

경영에 있어서 사실 모든 경영자가 같은 비율로서 경영활동을 하는 것은 아니다. 왜냐하면 기업에는 직급에 따라 초급 경영자, 중간 경영자 및 최고 경영자로 구분되어 각각 역할을 수행하기 때문이다.

Mahoney, Jerdee, & Carroll(1965)은 다음과 같이 각각 직급과 수준에 따라 경영활동의 역량과 요구되는 역할이 다르다는 사실을 실증적으로 증명하였다.

1. 초급 경영자

초급 경영자는 주로 지휘leading의 역할이 51%를 차지하고, 경영조직 organizing의 역할은 24%이다. 상대적으로 경영계획planning과 통제controlling는 각각 15%, 10%로서 다소 역할이 제한적이다. 다시 말해서 초급 경영자의 주요 활동은 생산, 영업, 생산 활동 등에서 직원 및 작업자들과의 긴밀한 소통으로 지휘하는 것이다. 또한 업무 수행을 효과적으로 수행하기 위해 상대적으로 경영조직을 고민하고 실행하는 것이 또 다른 주요 활동이라고 할 것이다.

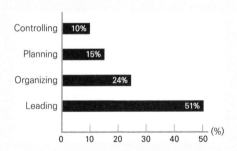

2. 중간 경영자

기업에서 중간 경영자는 초급 경영자와 최고 경영자의 사이에서 허리 역할

을 하는 관리자이다. 따라서 기업이 원활하고도 효과적으로 운영되기 위해서
는 중간 경영자의 역할이 상대적으로 매우 중요하다.

이러한 점에서 중간 경영자에게 요구되는 경영활동으로서 역할은 다음과
같이 지휘leading와 경영조직organizing의 역할이 각각 36%, 33%로서 비슷한
비중을 차지한다. 초급 경영자의 기능 수행을 효율적으로 지휘하고 효과적인
성과를 만들기 위해 각종 기업의 자원과 인적 배치 등을 조직화하는 것이
매우 중요하는 것을 의미한다. 기업의 경영계획과 통제는 18%, 13%로
초급 경영자에 비해서는 높은 수준이지만, 업무 비중에서는 다소 낮은 수준
이다.

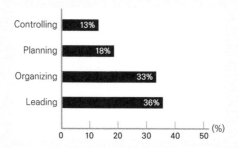

3. 최고 경영자

기업의 전략과 최종 결과물에 대해서는 책임을 지는 경영자는 최고 경영자
이다. 따라서 기업의 나아갈 방향과 전략을 수립하는 것이 미래에 성장하고
유지해 나갈 수 있을지를 판가름하는 것이다. 다시 말하자면 잘못된 전략을
수립하거나 방향성을 잃은 경영의 운영으로 기업이 한 순간에 몰락할 수도
있다.

기업의 최고 경영자의 역할과 경영역량은 초급, 중간 경영자와는 다르다.
다음과 같이 최고 경영자에게는 경영계획planning이 28%로서 다른 경영자에
비해 높은 비중을 차지한다. 여기에서 경영조직organizing의 역할은 36%로서
최고 경영자의 역할 중에서 가장 높은 비중인 것을 확인할 수 있다. 상대적으
로 지휘leading에 있어서는 초급, 중간 경영자의 비중보다는 낮다. 최고 경영자

는 중간 경영자들의 기능을 잘 조정하고 관리하는 것이 주요 활동이기 때문이다. 통제controlling는 14%로서 비슷한 수준에서 중간 경영자의 성과와 기능을 관리하고 위험을 최소화시키는 활동을 하는 것을 알 수 있다. 다음의 도표는 최고 경영자의 주요 활동에서의 역할 비중을 통계적으로 보여준다.

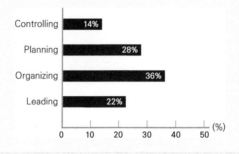

제3부 기업경영의 과정 요약 정리

  기업경영의 과정은 경영계획, 경영조직, 경영지휘 및 경영통제로 이뤄진다. 첫째, 경영계획은 기업의 목표를 효과적으로 달성하기 위해 기업은 계획planning을 하게 된다. 개념적으로 볼 때 계획은 기업의 목표를 설정하고 그 목표를 달성하기 위해 구체적인 실천방식 또는 실행과업을 결정하는 것이다. 둘째, 경영조직이란 기업이 목표를 달성하기 위해 기업의 조직에서 과업을 할당하는 구조 또는 과정을 의미한다. 여기에서 경영조직은 두 가지의 큰 개념을 내포하고 있다. ① 기업의 공식조직formal organization을 구조적인 측면에서 조직organization이라고 본다. ② 기업의 과정적인 관점에서 기업의 구성원의 직무를 분배하고 이러한 직무들이 결합되어 조직화과정organizing을 포함하는 개념이다. 셋째, 경영지휘는 경영자가 조직구성원들에게 목표를 설명하고 동기 부여를 시키는 것이다. 또한 목표달성에 필요한 방법을 함께 모색하여 제반 활동을 지도하고 통제해야 한다. 그 과정에서 상호 의사소통의 과정은 매우 중요하다. 넷째, 경영통제는 기업이 성과표준을 설정하고, 이를 달성하기 위해 영업을 실행하여 나온 실제 성과를 성과표준과 비교하는 것으로 그 차이를 도출하여 기업의 활동을 개선 및 수정하는 것이다. 경영통제가 효과성을 극대화하기 위해서는 다음의 요건을 갖춰야 한다.
  ① 신축성이 높은 통제시스템이어야 한다. 세계 경제의 환경은 불확실성의 연속이며 끊임없이 변화하고 있다. 따라서 기업의 경

영통제체계도 이에 따라 변화를 반영할 수 있도록 융통성을 확보해야 한다. 상황에 맞는 신축성 있는 통제를 구현해야 효과적인 경영통제가 되는 것이다.

② 정확성과 적시성을 동시에 보유하고 있어야 한다. 경영통제가 제대로 작동하기 위해서는 정확한 정보를 기반으로 판단할 수 있도록 체계를 정비해야 한다. 또한 적시에 경영통제가 되도록 시스템을 갖춰야 한다. 필요한 시점에 경영통제가 이뤄질 수 있도록 경영자는 노력해야 하고 조직문화와 운영체제도 경영통제가 효과적으로 될 수 있도록 적극적으로 지원해야만 한다.

③ 경영통제가 실제성과 경제성을 보유해야 한다. 경영통제의 비용이 수익보다 더 큰 경우에는 경제성이 전혀 없다는 의미이다. 따라서 경영통제를 통해 기업의 수익이 개선되어야 한다. 또한 경영통제가 실제적으로 현존조직에 적합해야 한다. 실제성이 없는 통제체계는 현실적으로 실현되기 어렵기 때문이다. 현재 존재하고 있는 조직과 시스템을 대상으로 통제가 효과적으로 수행되어야 한다.

④ 경영통제가 조직구성원이 이해 가능해야 하며, 공감을 얻어야 한다. 경영통제가 조직구성원이 충분히 납득할 만한 내용이 되어야 하고 긍정적으로 수용되도록 설계해야 한다. 과도하고 부정적인 방법으로 일관하는 경영통제는 결코 성공적인 결과를 도출하기에 한계가 있다.

토론 문제

1. 기업경영의 과정에는 무엇이 있는가?

2. 경영계획의 이점은 무엇인가?

3. 기업 조직설계의 고려 요소는 무엇인가?

4. 조직구조의 종류를 각각 설명해 보라.

5. 고전 동기 이론 중에서 욕구 이론과 2요인 이론을 설명하라.

6. 현대 동기 이론에는 어떤 것이 있는지 설명하고 각각의 핵심사항을 요약해 보라.

7. 리더십 이론 중에서 특성 이론, 행동 이론, 상황 이론의 차이점을 설명해 보라.

8. 경로목표 이론에서 경로목표모델을 서술하라.

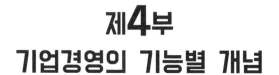

제4부
기업경영의 기능별 개념

제1장
기업전략과 기획

기업의 전략은 미래의 방향을 제시하는 것이기에 핵심적인 요소라고 해도 과언이 아니다. 전략을 잘못 설정하는 경우에는 자칫 기업의 역량이 바람직하지 못한 곳에 집중되어 더 큰 손실이 발생하기도 한다.

기업의 전략을 이해하기 위해서는 기업의 수준에 따른 전략을 이해하는 것이 우선이다. 다르게 표현하면 기업의 경영자는 전략을 수준별로 다르게 설정해야 한다는 것을 의미한다.

예컨대 정부에서 할 수 있는 정책과 경제투입규모는 가장 큰 단위로서 여러 가지 요소와 차원에서 고려되어야 한다. 왜냐하면 전체 국민에게 영향을 미칠 수 있기 때문이다. 또한 한 국가 내에 존재하는 지방자치단체가 감당하는 수준은 해당 자치단체가 책임지는 지역만을 대상으로 한다.

기업도 기업의 최고 경영자가 결정할 수 있는 수준의 전략이 있다. 예를 들어 기업이 해외 직접투자를 결정하여 현지 공장과 영업소 등을 개설하는 것은 기업의 수준에서 가능한 전략이다. 반면에 기업이 세 가지 사업부(전자사업부, 자동차부품, 에너지사업부)를 가지고 있다고 가정한다면 각 사업부별로 전략을 다르게 구사할 필요가 있다. 물론 이러한 결정은 기업의 사업부 차원에서 고려가 되는 것이다.

위와 같이 기업의 전략은 수준별로 다차원적인 경향을 보인다는 것이 특성이다. 기업의 전략을 수준에 따라 분류하면 다음과 같이 기업수준전략, 사업부수준전략 및 기능별 전략으로 구분이 가능하다. 여기에서 중요한 것은 기업의 전략은 기업수준부터 기능별 전략에 이르기까지 일맥상통해야 하고 상호 모순되는 것은 허용되지 않는다.

1. 기업 수준 전략

기업 수준 전략Corporate level strategy은 기업의 전사적인 차원에서 총괄적인 성장, 유지 및 축소(또는 철수) 전략을 수립하는 것이다. 다시 말해서 전략은 기업이 직면하고 있는 경영환경에서 경쟁자와 시장 환경 등을 종합적으로 분석하고 현재 자사의 상황을 정확하게 진단하여 기업이 추구하는 미래의 성장을 극대화하기 위해 계획을 수립하는 것이다. 기업 수준 전략은 일반적으로 〈그림 35〉와 같은 과정을 통해 실행된다.

〈그림 35〉 기업수준전략

1) 기업 사명 수립

기업 수준 전략은 기업의 사명mission을 수립하는 과정에서부터 시작된다. 즉 기업은 인간 사회에서 어떠한 사명을 품고 사업을 하는지 결정해야 한다. 이러한 철학적 기반을 가지고 사업을 시작해야 진정한 기업가정신을 발휘할 수 있다.

2) 기업 목표 설정

기업은 창업 또는 신규 사업을 시작할 때 수립된 기업 사명을 구현하기 위해 기업 목표를 설정해야 한다. 기업 목표는 기업이 추구하는 사명을 실현하는 것이 되어야 한다. 만약 기업의 표상하는 사명과는 배치되는 목표를 세운 기업은 기업가정신으로 하였던 사명을 잃어버리는 결과로 귀결되고 만다.

3) 사업 포트폴리오 분석

사업 포트폴리오 분석은 현재 기업이 처하고 있는 산업 내 위치를 알아보는 것이다. 또한 기업을 둘러싸고 있는 환경을 분석하고 적합하게 대응하고자 하는 것이다.

사업 포트폴리오 분석은 기본적으로 두 가지 방식으로 이뤄진다. 첫째, BCG 분석Boston Consulting Group Analysis은 기업이 현재 비즈니스 상황에서 구체적으로 어느 단계 또는 위치에 있는가를 간단한 도식을 통해 확인하는 것이다. 〈그림 36〉은 BCG 분석을 나타낸 것이다.

〈그림 36〉 BCG analysis

기업이 위치한 구간에 따라 기업전략은 달라질 수밖에 없다. 만약 기업의 시장점유율과 시장성장율을 고려한 결과 Question mark 구간에 해당하는 경우에 Star 구간으로 이동을 위해 집중 투자를 통해 시장점유율을 향상하는 전략을 수립해야 한다. Cash cow 구간의 경우 시장점유율은 높으나 시장성장율이 낮은 상태가 된다. 따라서 이 구간에 속한 경우에는 시장성장율을 높이기 위해 제품을 수정하여 새로운 기능이나 쓰임새를 찾아야 한다. 이것이 불가능하다면 더 이상의 투자는 하지 않고 자금 회수하는 전략을 통해 현 상태를 유지하는 것도 좋은 방법이다. Dog 구간에 속한 경우에는 시장점유율과 시장성장율이 모두 낮은 상태이므로 축소 또는 철수 전략을 고려해야만 더 이상의 추가 손실을 막을 수 있다. 마지막으로 Star 구간에 속한 산업은 계속적으로 시장성장율과 점유율을 높이기 위해 집중적인 투자를 아끼지 말아야 한다.

둘째, GE 매트릭스 분석이 있다. 이는 사업 강점과 산업매력도를 기준으로 9가지 영역으로 나누고 기업이 속하는 영역에 위치시켜 보는 것이다. 이를 통해 기업은 산업 내 위치를 확인하고 사업의 강점과

매력의 정도를 파악할 수 있는 장점이 있다. 또한 BCG 분석에 비해 비교적 더 자세하게 현재에 속한 영역을 확인 가능하다는 점이 장점이다.

〈그림 37〉은 GE 매트릭스이고 사업 강점과 산업매력도의 정도에 따라 점수화를 통해 기업의 현재 위치를 확인할 수 있다.

	사업 강점			
시 장 매 력 도	시장 지위 유지 및 집중투자	시장 지위 구축을 위한 투자	선별적 투자	높음 (7~9)
	선별적 투자	선별적 투자/ 독자적 수익 창출	제한된 확장/ 단계적 철수	중간 (4~6)
	시장 지위 보호 및 신규 진출 탐색	독자적 수익 창출	철수	낮음 (1~3)
	높음 (7~9)	중간 (4~6)	낮음 (1~3)	

〈그림 37〉 GE 매트릭스

2. 사업부 수준 전략

사업부 수준 전략은 business level strategy를 의미하며, 기업 내 속한 사업부별 전략을 수립하는 것이다. 즉 한 기업 내에도 여러 사업부가 존재하는데, 각 사업부별로 다른 전략을 수립하여 실행하는 것을 말한다.

사업부 수준 전략은 일반적으로 크게 3가지의 전략으로 분류한다. 첫째, 차별화 전략differentiation strategy은 산업 전체 영역에서 다른 기업들과 확연히 구분될 수 있는 독특성uniqueness을 강조하는 경쟁 우위 전략을 추구하는 것이다. 다시 말하자면 기업이 다른 기업과 차별화를 가져올 수 있는 제품, 서비스 등을 내세워 경쟁 우위를 확보하고자 하는 전략이다.

둘째, 비용 우위 전략cost leadership strategy은 산업 전체 영역에서 경쟁 우위 전략으로서 저원가를 내세워 비용에서 우위를 점하는 전략을 말한다. 즉 기업이 다른 기업보다 더 저렴한 제조원가로 제품을 제조할 수 있다면 경쟁자보다 낮은 가격으로 판매함으로써 시장의 지배력을 높이려는 전략이다.

셋째, 집중 전략focus strategy은 기존 경쟁자 또는 산업 전반에서 침투하지 않은 비즈니스 영역인 틈새시장을 공략하는 전략이다. 예를 들면 출장 세차의 경우 아파트에서 영업을 하여 회원을 모집하고 퇴근 시간 이후 새벽까지 아파트 주차장에 세워진 차를 세차하여 회원들이 적당한 비용을 지불함으로써 시간과 편의성을 모두 확보할 수 있도록 하는 사업이다. 이러한 기존의 경쟁자들이 하지 않는 사업에 집중해서 침투하는 전략은 집중 전략이다.

사업부 수준 전략은 〈그림 38〉로 요약 정리가 가능하다. 이는 하버드 교수인 Michael E. Porter 교수가 주장한 본원적 경쟁전략competitive

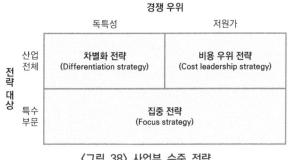

〈그림 38〉 사업부 수준 전략

strategy이다. 각 사업부별로 사업에 적합한 전략을 선정하여 전략을 실행해 나가는 것이 중요하다. 어떠한 경우에도 사업부별로 처하는 상황이 다르기 때문에 사업부의 상황에 맞는 전략을 수립하여 적용하는 것이 매우 중요하다.

3. 기능별 전략

지금까지 기업 수준 전략과 사업부 수준 전략을 학습하였다. 기업의 각 기능별 부서는 이러한 기업부와 사업부 전략과 일맥상통하는 전략을 수립하여 실행에 옮긴다.

대표적으로 기업의 핵심 기능 중 하나인 마케팅전략marketing strategy을 수립하는 데 있어 일반적으로 다음과 같은 절차를 거치게 된다. 마케팅 부서는 기업을 둘러싸고 있는 환경을 먼저 분석한다. 여기에서 분석하는 환경은 외부(경쟁자), 내부(벨류 체인; value chain), 거시(정치, 경제, 사회, 기술적 환경), 미시(SWOT[12] 분석)환경이다. 이를 통해 시장을 세분화하는 것이 필요하다. 이러한 세분화된 시장에서 목표시장을 선정하게 되고 포지셔닝전략을 수립하게 된다. 이것을 일반적으로 STPSegmentation, Targeting, Positioning 전략이라고 한다. 이러한 STP 전략을 바탕으로 세부적인 마케팅믹스Marketing Mix 전략까지 이어진다.

〈그림 39〉는 미래 혁신제품인 전기 자동차(Tesla)를 보여주고 있다. 테슬라는 친환경을 선호하는 시장 환경을 선제적으로 파악하여 제품

---

12) SWOT 분석: 기업의 Strength, Weakness, Opportunity, Threat를 현재 상황에서 서술하여 일목요연하게 분석하는 기법이다.

〈그림 39〉 전기 자동차(Tesla)

(출처: baidu internet homepage)

을 출시하였으며 STP 전략을 통해 고객 욕구를 적절하게 충족하고
있다. 또한 혁신적 제품, 고가격premium 전략, 유통채널의 다양화/극대
화 추구 및 차별성이 높은 광고 전략을 내세워 현재까지 전기 자동차
판매량에 있어 세계 1위를 차지하고 있다.

　이 책에서는 기업 전략이 마케팅전략까지 연결되도록 구성하기 위
해 다음 주제로 마케팅전략을 다루고 있다. 기업의 기능 부서에서
마케팅 부서의 마케팅전략 수립의 더 자세한 내용은 다음 주제를 참
조하기 바란다.

제2장
마케팅전략

기업의 마케팅^{marketing}은 고객의 욕구^{needs}를 충족시키기 위하여 노력하는 기업의 모든 활동이다. 또한 고객과 소통을 통하여 최종적으로 고객에 실효성 있는 도움과 감동을 전하는 전사적 운영 방식이다.

성공적인 마케팅을 위해 기업은 더욱 세부적이고 합리적 방법으로 마케팅전략을 구성해야 한다. 이것을 위해 기업은 영업환경에 지대한 영향을 주는 환경을 이해해야 하고 대비할 필요가 있다. 근본적으로 환경 분석은 여러 가지 측면으로 바라보아야 한다. 그 다양한 분석 방법을 다음과 같이 설명하고자 한다. 환경 분석은 국내와 국제 환경의 모든 것을 포함한다. 진출하고자 하는 국가의 환경을 선제적으로 이해하고 현재 자국의 환경이 어떠한지를 심도 있게 진단해야 한다.

1. 환경 분석

국제 및 국내 영업에 대한 환경 분석은 기본적으로 5가지의 측면에서 분석된다. 다음과 같이 정치적 환경, 경제적 환경, 사회문화적 환경, 법률적 환경, 경쟁환경으로 축약적인 방식으로 환경 분석을 서술하고자 한다.

1) 정치적 환경의 이해

국제 및 국내의 정치적 현황과 위험도를 조사하는 것은 마케팅의 환경 분석의 중요한 부분이다. 현재 기업의 영업 상황에서 정치적 현황 및 위협 요인이 무엇인지 인지하는 것은 리스크를 효과적으로

〈그림 40〉 시리아 내전으로 파괴된 도시

(출처: Baidu internet homepage)

관리할 수 있는 핵심적 요소이기 때문이다. 예를 들어 정치적인 위험으로서 폭동, 쿠데타 등의 정치적 위험요소가 있는 비즈니스 상황에서 신규 쇼핑몰이나 영업점 등을 시작하는 경우에는 엄청난 재정적 손실을 감내할 가능성이 높다. 따라서 정치적인 위험의 개념은 세부적으로 어떠한 것이 있는지 파악하고자 한다.

첫째, 정치적 위험은 운영위험과 자산위험의 형태로 구분한다. 운영위험은 진출국가 내의 글로벌기업의 영업 및 판매를 일시적으로 제한하거나 내국민의 상시고용비율을 지나치게 상향 조치시키는 행위 등을 포함한다. 반면에 자산 위험은 진출국가의 정치적인 비합리적 처분으로서 자산의 철수조치 또는 몰수 등을 시행하는 경우이다.

둘째, 정치적 위험은 미시적 위험과 거시적 위험으로 나눠진다. 미시적 위험은 특정한 산업에 정치적으로 위험에 노출되는 경우이다. 다시 말해서 진출국의 산업 보호를 목적으로 특정한 산업군에 외국기업의 철수, 영업 제한 및 비합리적 세금부과 등과 같은 비이성적 행정 처분을 하는 것이다. 한편 거시적 위험은 진출국 내의 전체적인 비즈니스에 영향을 미치는 것으로서 기본적으로 쿠데타, 내전 등과 같이 국가 전체가 마비되는 상황이 되어 거시적인 위험에 노출되는 것이다.

셋째, 진출 기업의 미래의 현금 흐름에 부정적 영향을 미칠 수 있는 정치적인 위험은 기업에게는 극복할 수 없을 정도의 상황이 되기도 한다. 예컨대 진출국의 내부 문제를 외부로 돌리기 위해 글로벌기업을 대상으로 비이성적으로 민족주의적 선동을 하여 자국 산업의 이익 또는 붕괴 등의 과도한 독점의 원인으로 지목하는 일방적인 정치적 선동은 글로벌기업의 생존을 어렵게 만든다. 이러한 선동은 결국 불매운동으로 이어지는 경우가 많다. 이와 같은 진출국의 정치적 선동

행위는 기업에게 영업 손실과 미래현금 흐름의 불확실성 등을 가져오는 정치적 위험이다.

2) 경제적 환경의 이해

진출국의 경제적 환경 분석을 위해 거시적 경제 분석, 진출국 시장 정보, 소비자 규모 분석과 인프라 구축을 핵심 요소로 삼고 자세하게 파악하고자 한다.

(1) 거시적 경제 환경 분석

국제 및 국내 거시적 경제 분석을 위하여 경제체제, 시장발전단계와 국제수지 등을 정확하게 확인해야 한다. 거시적 경제를 분석하는 항목은 다양하게 있지만 다음과 같이 대표적 3가지 측면에서 소개하고자 한다.

① 경제체제 분석

경제체제는 기본적으로 자본주의 경제체제, 사회주의 경제체제와 혼합경제체제로 분류된다. 첫째, 자본주의 경제체제에서 자원배분은 시장에 순수하게 맡기고 자원의 소유권은 민간이 가진다. 따라서 경제 주체의 자발적 운용으로 수요와 공급이 자유롭게 결정된다. 가격은 수요와 공급의 등락^{騰落}에 의해 시장에서 자연스럽게 형성된다. 그 대표적인 국가로서는 선진 유럽국가, 일본 및 미국 등을 중심으로 수용되는 경제체제로 근현대사회에서 매우 크게 발전되었다.

둘째, 사회주의 경제체제는 국가 내 자원의 소유는 오직 국가만이 가질 수 있다. 또한 국가가 전체적인 경제활동에서 국가계획에 근거하여 분배하고 집행한다. 민간은 자원을 기본적으로 소유할 수 없으며 국가가 전체적인 경제 자원을 공급, 생산 및 분배 등의 활동을 한다. 대표적 국가는 쿠바, 북한 등이 있다. 현재의 사회주의 경제체제는 자원배분의 비효율성과 생산성면에서 상당히 뒤쳐지면서 세계 경제에서 실패한 경제체제로 증명되고 있다.

셋째, 혼합주의 경제체제는 시장경제의 폐단이 지나치게 크다고 판단되는 국가에서 계획경제 정책을 부분적으로 수용하여 운영하는 경제체제를 말한다. 현대의 대다수 국가에서 순수한 자본주의 경제체제만을 고집하지 않고 계획경제의 유리한 요소를 부분적으로 반영하고 있다. 이는 자본주의 경제체제가 안고 있는 일부의 폐단과 모순이 있어 부득이하게 도입導入하는 것으로 분석된다.

② 시장발전단계 분석

현 시점에서 진출국의 시장발전단계를 깊이 있게 파악하는 것은 글로벌기업의 전략 구축에 있어 핵심적으로 필요하다. 왜냐하면 상대적으로 낮은 경제단계에 있는 국가에서 고가의 품질과 제품으로서는 성공하기 어렵고, 시장의 수준에 맞는 마케팅 믹스marketing mix의 구축이 필요하기 때문이다. 시장의 발전단계는 1인당 국민소득GNI(Gross National Income) per capita을 근간으로 하여 저소득 국가, 하위 중소득 국가, 상위 중소득 국가 및 고소득 국가로 분류 가능하다.

첫 번째, 저소득 국가는 일반적으로 1인당 국민소득의 수준이 US $1,005 이하의 국가를 일컫는다. 저소득 국가의 핵심 산업은 1차 산업이고 문맹율이 다른 국가들에 비해 크게 높다. 또한 외국원조의존도가 심하며 정치적으로 심히 불안정하다. 대표적인 저소득 국가는 아프리카 국가 및 일부 중남미 국가가 여기에 해당된다.

두 번째, 하위 중소득 국가는 1인당 국민소득 수준이 US $1,006~ US $3,955에 해당된다. 이들 국가는 산업화産業化 초기에 해당하는 국가이다. 주로 노동집약적인 산업이 대부분이며 국가 내 소비자 시장이 초기단계이기에 성장하고 있는 시장이다.

세 번째, 상위 중소득 국가는 1인당 국민소득이 US $3,956~US $12,235에 해당된다. 이들 국가의 주요 산업은 제조업이 일반적이고 노동임금이 급격하게 상승하는 국가가 대부분이다. 낮은 문맹율을 보이며 수출지향적인 국가의 특징을 보여준다. 고등교육에 대한 수요가 크게 높아지고 인구는 빠르게 도시로 유입되는 특징을 가지고 있다.

네 번째, 고소득 국가는 일반적으로 1인당 국민소득이 US $12,236 이상의 국가에 속한다. 이들 국가는 서비스 산업의 비중이 상대적으로 높다. 신제품과 혁신이 산업에 있어 매우 중요하게 인식된다. 특수하게도 지식과 정보가 경쟁의 핵심적인 원천이라고 본다.

③ 국제수지 분석

진출국가의 경제를 제대로 파악하기 위해 국제수지를 이해할 필요가 있다. 여기에서 국제수지는 크게 아래와 같이 경상수지와 자본수지로 구분된다.

이 중에서 경상수지current account; 經常收支는 무역수지, 무역외수지(서비스수지와 소득수지) 및 경상이전수지를 반영한 일국a country; 一國의 수지 income and expenditure; 收支를 나타낸다. 한 국가의 경상수지를 파악함으로써 진출 국가의 현재 및 과거의 무역량과 무역의 형태 및 변화를 확인할 수 있다. 그 국가가 수출 지향적 성향의 국가인지 아니면 특정 국가에 대한 수입의 의존도를 확인할 수 있다. 이것은 한 국가의 경제적인 규모, 거시적 경제의 시사점을 보여준다. 따라서 무역수지, 무역외수지(서비스수지와 소득수지) 및 경상이전수지(이전소득)에 대해 다음과 같이 설명하고자 한다.

첫째, 무역수지balance of trade는 상품 또는 제품의 수출액에서 수입액의 차이를 계산해서 한 해 동안 해당 국가가 얼마나 벌어들였는지 또는 손실을 입었는지를 보여준다. 쉽게 말하자면 수출이 수입보다 많은 경우에는 무역수지 흑자를 나타내며, 반면에 수입이 수출보다 많은 경우는 무역수지 적자가 된다.

둘째, 무역외수지balance of invisible trade는 크게 서비스수지와 소득수지로 구성된다. 이는 일반적으로 외국과의 서비스 거래로 받은 돈과 지불한 돈의 차이를 말한다. 무역외 수입은 외국관광객이 국내에서 지출한 여행경비로서의 외화, 운송료로서 받은 운임료, 해외투자에 따른 이자수입, 거주자가 외국에 단기간(1년 안)으로 거주하면서 일한 대가로 받은 임금 등이 포함된다. 무역외 지급은 해외여행으로 지출한 경비, 한국기업이 외국에 지불한 운임, 차입한 자금으로서 외채이자 등이다. 한국은 무역외수지에서 만성적인 적자를 겪고 있다. 해외 선박회사에 지급하는 운임, 외국투자자에게 배당금 지급, 해외여행으로서 여행 경비 등은 지출이 수입을 일상적으로 초과하고 있어 무역외수지 적자를 나타내고 있다.

셋째, 경상이전수지는 기본적으로 거주자와 비거주자 사이에 아무런 반대급부 없이 송금을 받거나 지급하는 거래의 수지收支상 차이를 의미한다. 통상적으로 자선단체 및 종교기관의 기부금, 해외에 거주하는 교포가 가족에게 송금하는 돈, 정부 간 무상원조 등이 대표적이다.

더욱이 국제수지를 구성하는 또 하나의 요소는 자본수지이다. 자본수지는 다시 투자수지와 기타 자본수지로 구분된다. 이는 국내 기업/

금융기관과 외국 기업/금융기관 사이에 자본 거래의 성격에 따라 나눠진다. 투자수지는 외국 투자자에 의한 직접투자, 내국민의 해외 직접투자 및 주식/채권에 대한 투자와 연관된 증권투자를 말하고, 직접투자와 증권투자에 속하지 않는 무역 관련 신용 등도 포함된다. 반면에 기타 자본수지는 재외동표 국내 재산반출 및 해외 이주비용 등이 포함된다.

국제수지표 이해

국제수지표balance of payments table는 일정 기간(보통 1년) 동안의 한 국가의 거주자와 비거주자 사이에 발생한 전체적인 경제거래를 국제적으로 체계화되고 표준화된 방식으로 기록한 것이다. 작성 방법의 기본 원칙은 a. 모든 수출입은 본선 인도가격(FOB 가격) 적용, b. 자본계정은 순액주의, 경상계정은 총액주의로 표기, c. 다양한 통화의 환율은 거래당일의 실제 시장환율을 적용, d. 거래의 계상 시점은 발생주의 기준을 적용, e. 회계 기본 원칙은 복식부기원칙을 적용한다.

국제수지표는 근본적으로 거래 특성에 의해 **경상계정, 자본계정과 준비자산증감계정**으로 분류한다.

이 중에서 **경상계정**은 상품 수지, 서비스 수지, 소득 수지와 경상 이전 수지의 세부적으로 4개의 항목으로 분류된다. 상품 수지는 수출액과 수입액의 차액을 의미한다. 서비스 수지는 외국기업 또는 외국인과의 서비스 거래로 받은 돈과 지불한 돈의 차이를 말한다. 소득 수지는 거주자가 수취한 돈과 비거주자가 지급한 돈을 뺀 차액을 일컫는다. 예컨대 급료, 임금 수지와 투자소득 수지가 대표적이다. 한편 경상 이전 수지는 거주자와 비거주자 간에 아무 대가없이 수취하고 지급한 거래의 수지 차이를 말한다.

자본계정은 크게 투자 수지와 기타 자본 수지로 구성된다. 이 중에서 투자 수지는 증권투자, 직접투자와 기타 투자로 구분된다. 증권투자는 외국기업과 외국인과의 주식, 파생금융상품거래와 채권 등에 투자한 것을 의미한다. 한편 직접투자는 기본적으로 외국에 소재한 기업에 대해 경영참여 등에 영속적 ^{永續的} 이익 취득^{取得}을 위해 투자를 말한다. 기타 투자는 쉽게 말해서 직접투자와 증권투자에 포함하지 않은 모든 국외 거래를 일컫는다. 예를 들어 기타 투자에는 대출과 차입을 포함하며 제품이나 상품을 외상으로 수입하거나 수출할 경우 발생하는 무역과 관련하여 현금, 신용 및 예금 등의 금융거래를 전체적으로 포함한다.

기타 자본 수지는 크게 자본 이전과 비금융자산의 취득 및 처분으로 구분된다. 이 중에서 자본 이전은 현물 또는 현금으로 구성된다. 예컨대 현금의 경우 양 당사자 또는 거래일방의 고정자산 처분과 취득에 연관되거나 이를 조건으로 하는 투자보조금, 해외이주비 등이 대표적이다. 반면에 비금융자산의 처분, 취득의 경우 서비스와 재화의 생산에 사용되거나 필요하지만 그 자체로는 생산 불가능한 지하자원 또는 토지 등의 유형자산과 특허권, 저작권, 상표권 등이나 임차권 등의 무형자산 취득과 처분이 해당된다.

준비자산증감계정^{準備資産增減計定}은 외환보유액 변동분 중에서 거래적 요인에 관련된 것만 포함된다. 즉 외환보유잔액은 근원적으로 통화당국의 외환매입, 이자소득 등의 거래적 요인$^{去來的 要因}$에 의하여 변동될 뿐만 아니라 거래 없이 환율변화^{換率變化} 등에 의해 변동한다. 따라서 국제 수지 통계에는 거래적 요인에 의한 외환보유잔액 변동분만을 준비자산증감 항목에 포함된다.

(2) 시장 정보 및 소비자 행동과 규모 분석

진출국가의 경제 환경을 이해하기 위해 시장 정보와 소비자의 행동과 소비자 규모를 분석해야 한다. 왜냐하면 거시적 경제 환경만 가지고는 시의적절한 의사결정을 내리기에는 부족하기 때문이다. 이러한 점에서 시장의 규모를 파악하기 위해 인구분포, 인구수와 인구증가율을 추세적으로 분석하는 것이 필요하다. 더욱이 소비자의 구매력과 소득수준을 알아낸다면 현재 소비자의 수준 및 예상 수요를 산출할 수 있다.

① 인구수 및 인구분포 분석

진출국의 인구수에 대비하여 해당 제품의 종류에 따라 시장의 규모를 유추할 수 있다. 소비재消費財의 경우 인구수가 많고 경쟁자가 소수라면, 진출국가의 시장잠재력은 상당히 크다. 왜냐하면 인구분포에 대한 정확한 정보를 바탕으로 연령대별로 선호도가 높은 제품은 다르기 때문이다. 예컨대, 일반적으로 10대와 20대의 연령층이 전체의 인구수에 대비하여 높은 시장이라면 아이스크림, 문구류, 및 저가의 화장품 등과 같은 소비재 시장의 전망이 지배적이다.

② 소비자 소득수준과 구매력 분석

진출국가 내 소비자들의 소득수준을 파악하기 위해서는 1인당 국민소득을 찾아야 한다. 왜냐하면 평균적으로 한 국가의 소비 성향을 파악하는 데 도움이 되기 때문이다. 예를 들어 소득 수준이 낮다면, 자동차의 소비에 있어 저가의 제품을 파는 것이 유리하다. 또한 중고자동차secondhand car의 수요가 높을 가능성이 크다. 상대적으로 소득 수준이 높은 시장은 가격이 저렴한 제품보다는 고급 품질의 제품을 선호한다. 따라서 고급브랜드luxury brand를 시장에 진출시키는 것이 현명하다.

더불어 소비자의 구매능력을 기본적으로 알아내기 위해 구매력지수인 PPPPurchasing Power Parity; 구매력평가지수를 통해 실제적으로 구매할 능력을 가늠할 수 있다. 왜냐하면 생필품, 물가지수와 주거비용 등을 종합적으로 감안하여 조정한 지수가 구매력평가지수이므로, 실제 구매 가능한 재화의 양을 보여주기에 생활수준을 어느 정도 정확하게 나타내기 때문이다.

소비자의 태도 알아보기

1. 태도의 개념

소비자의 태도^{attitude}는 근본적으로 제품^{product}에 대한 일관一貫된 행동이나 의식을 말한다. 특별히 브랜드에 대한 평가를 의미하는 브랜드 태도^{brand attitude}는 제품에 대한 일관된 인식을 의미하기에 중요한 변수變數로 여겨진다.

태도의 3가지 요소는 크게 감정적^{Affective; 感情的} 요소, 행동적^{Behavior; 行動的} 요소, 인지적^{Cognitive; 認知的} 요소로 구성된다. 이러한 세 가지 요소가 상호 영향을 주고받으며 태도를 형성한다. 이 중에서 감정적 요소는 제품에 대하여 감정적으로 '나쁘다' 또는 '좋다'를 포함하기 때문에 제품의 구매에 상당한 영향을 미친다. 인지적 요소는 소비자 개인이 보유하고 있는 신념과 지식을 말한다. 특정한 제품에 대해 개인적인 견해를 기반으로 제품구매에 영향을 끼친다. 한편 행동적 요소는 제품에 대해 행동을 하고자 하는 요소이고, 구매행동을 하고자 하는 태도이다. 따라서 위에 언급한 감정적^{Affective}, 행동적^{Behavior}, 인지적^{Cognitive} 요소를 전체적으로 조합하여 ABC 태도모형이라고 일컫는다.

2. 태도의 기능

1) 실용적 기능

국내 또는 국제시장의 소비자는 실용적 기능을 기반으로 태도를 형성하는데, 비용^{cost; 費用}보다 효익^{benefit; 效益}을 더욱 높이는 제품에 호감好感을 갖는다. 제품의 유용성, 편리성 등의 효용效用이 높은 제품을 만나는 경우 소비자는 태도를 긍정적肯定的으로 변화시킨다.

2) 가치표현적 기능

국내 또는 국제시장에서 소비자의 태도는 자아개념^{self-perception; 自我概念} 또는 자신에게 중요한 가치^{value; 價値}를 표현해 준다. 예컨대 소비자들이 지구를 사랑하고 환경을 보호하려는 태도를 견지堅持하기 때문에 친환경제품을 구매한다. 이러한 이유로 기업의 마케터marketer는 국내 및 국제시장의 소비자특성을 이해하고, 이러한 핵심가치를 전달 가능한 제품에 중요한 가치를소비자들에게 심는 작업이 필요하다.

3) 지식제공 기능

소비자는 자신만이 가지고 있는 기존의 준거체계準據體系인 태도를 견지하고 있다. 즉 소비자가 새로운 제품을 발견한다면 기존에 가지고 있던 태도와상호 비교하는 과정을 거친다. 새로운 제품이 자신의 태도에 맞는 경우에는구매행동으로 이어지기 때문에 태도는 지식제공 기능을 가진다.

4) 자기방어 기능

국내 및 국제시장의 소비자는 심리적心理的으로 자신의 부족한 부분을 방어가능한 제품을 선호하여 구매한다. 다시 말하자면 소비자들은 내부적인 위협또는 불안감 등으로부터 자신을 보호하려고 한다. 예컨대 소비자 자신의몸이나 옷 등에서 원하지 않는 체취體臭가 느껴진다면, 그들은 불안감을 해소하기 위하여 향수 또는 섬유탈취제 등을 구매한다. 따라서 내부적 위협과불안감과 관련된 태도는 소비자의 소비태도에 상당한 영향을 미친다. 마케터는 이러한 소비자의 중요한 성향을 인지하고 부족한 부분을 채워줄 수 있는제품임을 강조하여 마케팅marketing을 실행하는 것이 필요하다.

3. 태도에 영향을 주는 요인

1) 관여도

관여도degree of involvement; 關與度는 주어진 시장 상황에서 '개인의 중요성지각정도' 또는 '개인의 관심도'를 말한다. 개인의 관여도는 상황과 제품에따라 확연히 다르다. 제품에 대한 관여도도 개인에 따라 큰 차이를 보인다.이러한 이유로 관여도는 제품, 개인, 제품 간의 복잡하게 연결되는 함수관계函數關係로 해석된다.

관여도는 크게 저관여도低關與度와 고관여도高關與度로 구분된다. 저관여도는 개인의 관심이 낮은 것이다. 예컨대 개인이 껌을 구매한다면 구매의사결정과정의 전체 과정을 거치는 것이 아니라, 정보탐색이나 대안탐색 등의 과정은 쉽게 생략하고 기존에 기억하고 있던 음향, 이미지 및 브랜드 등으로 회상 가능한 제품을 바로 구매한다. 따라서 껌과 같은 소비재는 저렴하고 브랜드별로 품질의 차이가 크지 않아 저관여도 제품이다. 하지만 소비자별로 차이는 반드시 있고 어떠한 소비자에게는 고관여도 제품이 되기도 한다.

고관여도 제품은 자동차, 고급 가구와 같은 고가의 제품이다. 자동차 또는 고급 가구는 개인이 쉽게 살 수 있는 제품은 아니다. 가족들과 같이 고민할 수도 있는 고관여제품의 대표적인 사례이다. 그러므로 자동차는 연비, 기능, 내구성 및 브랜드 가치 등을 고려한다. 고급 가구는 기능, 재질 등의 다양한 항목으로 정보를 탐색하고 대안을 연구하는 과정을 거친다. 고관여제품은 모든 정보처리과정과 구매의사결정과정을 거친 후 최종 결정을 한다.

2) 문화적 영향

국내 및 국제시장의 소비자들은 문화적 영향을 많이 받게 된다. 자신의 준거집단, 가족, 문화 및 사회계층 등에 의하여 소비자들은 구매행동에서 이러한 문화, 사회적인 요인에 의해 영향을 받는다. 왜냐하면 소비자는 개인이 속한 사회에서 떨어져 살 수 없기 때문이다. 소비자가 속한 사회 안에서 행동하고 인식하는 요령을 터득하게 된다. 따라서 마케터로서 국내 및 국제시장의 문화, 사회적인 요소를 제대로 분석해야 성공적인 마케팅전략marketing strategy을 실행할 수 있다.

3) 개인적 영향

일반적으로 개인의 가치value, 라이프스타일lifestyle, 개성characteristics은 사람마다 다르게 유지되고 형성된다. 이러한 개인적 영향으로 소비자는 자신만의 행동과 의식에 걸맞은 소비를 하게 된다. 따라서 사회가 일반적 양상이 나타나더라도 개인의 특성이 개별적으로 표출되기도 한다.

라이프스타일은 AIOAttention, Interest, Opinion 모형으로 소비자의 관심attention, 흥미interest, 의견opinion의 내용을 알아내는 것이다. 가치는 가치조사, 문화추론, VALS모형으로 소비자의 개별적 특성을 분석한다. 개성은 프로이드의 정신분석학 이론을 기반으로 Id^{이드}, Ego^{자아}, Super-ego^{초자아}를 파악하는 것이다. 한편 호니의 문화심리학이론과 이를 확장한 이론인 코헨의 CAD Compliance, Aggressiveness, Detachment 이론을 활용하여 개인적 특성을 도출한다. 또한 Evans의 특성 이론$^{Trait \ theory}$을 통해 시장세분화에 일반적으로 많이 이용된다.

4) 상황적 영향

국내 및 국제시장에서 소비자의 구매행동에 영향을 미치는 요인으로는 상황적 요인이 있다. 즉 구매상황에서 일어날 수 있는 다양한 외부적 상황이 개인의 구매에 영향을 미친다.

상황적 영향은 세부적으로 물리적 환경, 사회적 환경, 시간, 과업, 선행상태 등이 개인의 구매행동에 영향을 미치는 대표적인 요인이다. 따라서 국내 및 국제시장에서 소비자의 태도 변화를 가져오는 영향은 다양하기에 종합적 검토를 통해 총체적^{總體的} 마케팅전략이 요구된다.

(3) 인프라 구축 수준 분석

진출국의 사회적 인프라 구축 수준을 우선적으로 분석하는 것이 필요하다. 비즈니스를 수행하기 위해서는 인프라의 구축수준에 따라 물류비용의 차이가 크게 발생하고 상품 및 제품원가가 달라지기 때문이다. 더욱이 진출하고자 하는 산업이 인프라 구축 산업에 직접적으로 입찰이나 견적에 참여할 수도 있다. 예컨대 건설장비 또는 건설업 등의 관련 산업의 경우, 진출국의 인프라 구축이 매우 필요한 국가라면 좋은 시장의 요건이 된다. 따라서 시장의 경제 환경에 대한 깊이 있는 파악이 필요하다. 왜냐하면 미래 전망으로서 시장의 요구사항과 필요한 부분을 관련 업계에 적절하게 제시하는 경우 진출국에서 성공할 가능성을 크게 높이기 때문이다. 〈그림 41〉은 싱가포르 항구

〈그림 41〉 싱가포르 항구

(출처: Baidu internet homepage)

Singapore's port를 보여주고 있다. 싱가포르 항구는 최첨단 물류시스템과 국가의 대규모 투자로 핵심 사회기반시설인 항구가 세계 최고수준의 규모와 효율성을 갖추게 되었다. 이로 인해 많은 해외기업의 투자를 유치하고 있다.

3) 사회문화적 환경 분석

국내 및 국제시장의 사회문화적 환경 분석을 위해서는 크게 4가지 측면에서 살펴보는 것이 필요하다. 다음과 같이 문화, 준거집단, 사회계층과 가족으로 분류해서 분석한다면 진출국의 사회문화에 대한 심도深到 있는 파악이 가능하다.

(1) 문화의 이해

진출국의 문화文化; culture를 분석하기 위한 다양한 방법이 있다. 다음과 같이 종교, 언어와 숫자, 미적 감각, 물질에 대한 태도 등의 차이를 파악함으로써 문화에 대한 개념을 알 수 있다.

첫째, 종교는 각국의 생활양식과 국민의식 등을 지배하는 방대한 인식체계認識體系이기에 문화를 제대로 이해하는 방법으로 적합하다. 사실 진출국의 종교를 진심으로 존중하고 비즈니스상 주의사항을 인식하는 것은 핵심적 사항이다. 왜냐하면 다양한 종교에서 규정하는 바에 따라 금기로 여기는 행위, 단어 및 음식 등이 있기 때문이다. 진출국에서 비즈니스를 하는 경우 현지인과 미팅을 하는 경우가 많은데, 현지인에게 절대 현지에서 숭배하는 동물이나 신 등을 모욕하는 행위는 절대적으로 위험하다. 당연히 기업의 영업활동에도 악영향을 미친다. 예컨대 파키스탄에서는 이슬람교가 국교國敎이고 파키스탄인들은 절대 돼지고기를 먹지 않는다. 따라서 현지국가에서 돼지고기를 먹는 행위는 절대로 해서는 안 되는 사항이다. 왜냐하면 파키스탄이 대다수 국민들이 믿는 종교는 이슬람교이고, 종교에서 절대적으로 금기하는 음식이기 때문이다. 반면에 인도의 최대 산업은 농업이기 때문에, 오랜 역사로부터 농업에서 가장 중요한 소cow를 최고로 존중하고 숭배하는 문화가 생겨난 것이다. 따라서 인도에서는 소고기를 절대로 먹어서도 안 되며 소에 대한 농담을 하는 것은 절대적으로 금禁한다.

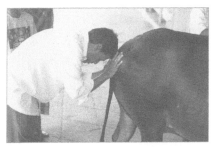

〈그림 42〉 힌두교의 '소' 숭배사상
(출처: Baidu internet homepage)

둘째, 언어^{language}와 숫자_{number}의 기호학적인 쓰임새는 국가별로 상당히 다르다. 아시아문화권에서 좋은 의미로 사용한 단어가 다른 서구문화권에서는 굉장히 불쾌한 의미로 해석되는 경우도 많다. 선물을 고객에서 주거나 신제품을 해외시장에 출시할 경우에 숫자와 언어의 기호적인 쓰임새를 정확하게 파악해야 한다.

더욱이 숫자를 인식하는 방식도 문화권별로 크게 상이하다. 예컨대 영미권 문화에서는 숫자 '13thirteen'은 불운不運을 상징하는 숫자로 인식한다. 반면에 중국에서는 '8eight'이라는 숫자는 행운을 불러온다고 인식하지만, '4four'는 죽는다는 '死'와 읽는 소리가 비슷하여 불길한 숫자로 여긴다. 이와 같이 진출국가의 언어와 숫자에서 주의해야 하는 점을 우선적으로 분석해야 한다. 〈그림 43〉은 (주)오리온의 한 제품을 보여주고 있다. (주)오리온은 최초로 중국에 진출하면서 포장지에 빨간색을 사용하고 내용물의 숫자도 중국인이 좋아하는 숫자로 8개를 포장하여 중국 시장에서 큰 호평을 받고 있다. 하지만 현재 중국시장에서 오리온 초코파이는 짝수로서 6개, 12개 등으로 숫자도 변모하고 있다. 이러한 짝수도 중국인들에게 호감을 주는 숫자이기에 긍정적인 반응을 이끌어내고 있다. 또한 중국 사람들이 좋아하는 단어인 '仁'(어질인)을 사용하여 더 좋은 시장의 반응을 얻고 있다. 반면에 한국시장에서는 정情을 사용하는 것이 매우 다르다. 한국에서는 서로 간의 情을 나누기 위해 과자를 선물하는 점을 부각시킨 것이다.

셋째, 미적 감각에 대한 영역은 각 국가별로 차이가 매우 크다. 색깔에 대해 느껴지는 것이

〈그림 43〉 오리온의 중국 진출 제품
(출처: Baidu internet homepage)

<그림 44> 스페인의 플라멩고춤

(출처: https://vo.la/coN5ui)

국가별로 신기할 정도로 상이하다. 예컨대 유럽의 스페인에서는 '빨간색'은 열정을 상징하며 플라멩고춤을 추는 집시는 주로 빨간색을 입고 스페인 사람들은 이를 당연한 것으로 여긴다. 하지만 중국인은 빨간색에 대해 복을 불러오는 행운의 색이라고 해석한다. 반면에 어떤 나라는 빨간색은 피를 연상시켜 부정적인 색이라고 여긴다.

넷째, 물질에 대한 태도도 또한 국가, 민족별로 상당히 상이하게 해석된다. 물질은 근본적으로 돈과 자본에 연계되었다고 보는 것이 타당하다. 하지만 힌두교의 카스트제도에서 세 번째 계급인 바이샤 계급은 원론적으로 물질을 다루는 임무를 띠고 태어났다고 생각하기 때문에 사업가로서 물질에 대하여 긍정적이고 적극적인 자세로 비즈니스를 한다. 한편 불교문화권의 민족은 무소유無所有를 최고의 선善으로 여긴다. 따라서 물질에 대한 부정적인 인식이 절대적으로 강하다.

〈그림 45〉 기독교 문화(St. Peter's catholic church)
(출처: Baidu internet homepage)

반면에 유대교와 기독교 문화에 있어서는 건전한 부의 형성을 긍정적
으로 생각한다. 따라서 제품의 포장에 있어서 깨끗하고 반짝이는 포
장을 좋은 제품으로 인식하고 구매하고자 한다.

(2) 준거집단 분석

국내 및 국제시장의 문화를 파악하기 위해 준거집단準據集團; reference
group을 분석해야 한다. 각국의 사람들이 선망하는 라이프스타일lifestyle
또는 집단에 있어 기준으로 삼는 사람들의 집단이 있는 경우가 많다.
실제적으로 종교적인 영역이 강한 사회는 종교 집단의 성직자 또는
최고 권위자들이 준거집단이 된다. 어떤 다른 사회에서는 전문가 집
단expert group이 그러한 기준점reference point이 된다.

준거집단의 소비행동은 일반 사람들에게 매우 강하게 어필^{appeal}하게 된다. 따라서 전문가그룹의 가치와 소비 성향을 깊이 있게 이해하는 것은 성공적인 진출 전략의 구축에 핵심 요소이다. 진출국의 전문가집단이 진정으로 가치를 두는 부분에서 효과적인 기업의 활동을 통해 바람직한 기업이미지 구축과 판매 확대를 달성할 수 있다.

(3) 사회계층 파악

국내 및 국제시장의 사회계층^{社會階層; social class}을 심도 있게 분석함으로써 기업은 마케팅 믹스를 조성하는 데 효과적인 해법을 발견하게 된다. 진출국을 형성하는 사회계층별로 다른 소비의 형태를 보이는 경향이 있다. 이는 크게 종교적인 면에서나 경제적인 면에서 더욱 차별적으로 부각된다.

인도의 카스트제도는 〈그림 46〉과 같이 네 가지 신분으로 구분된다. 즉 브라만, 크샤트리아, 바이샤, 수드라 계급으로 구분된다. 카스트 제도의 각 계층은 신분적으로 별도로 구분되어져 운명적인 것으로

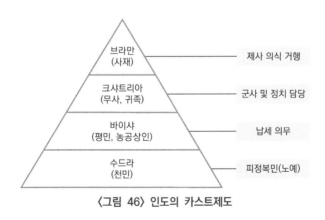

〈그림 46〉 인도의 카스트제도

수용한다. 카스트제도는 문화적으로 깊숙이 자리 잡고 있어 인도 문화를 보여주는 특별한 단면이다. 더불어서 자본주의 사회에서도 일반적으로 자본 소유의 규모에 따라 하위 계급, 중간 계급 및 고소득 계급으로 구분되기도 하는데, 그 비율의 극단성의 여부에 따라 사회의 건전성乾淨性을 보여주기도 한다.

사회·문화적으로 특정 국가의 사회계층의 비율과 구성 등을 체계적으로 연구함으로써 기업은 유통방식, 신제품 개발, 광고의 수준 및 가격의 정도 등을 효과적으로 결정할 수 있다. 또한 사회계층은 국내 및 국제 마케팅의 사회, 문화 환경을 나타내주는 핵심적 기준이 될 정도로 필수분석항목이 된다. 예컨대 이러한 사회계층을 분석하지 않고 마케팅 믹스marketing mix를 자기준거기준self-reference criterion에 의해 실행하는 경우에는 마케팅의 성공을 확신하기 어렵다. 따라서 사회, 문화적 환경 분석에 있어 사회계층의 이해는 선제적으로 조사되어야 하며, 면밀한 분석이 반드시 요구된다.

(4) 가족 관련 정보 분석

글로벌시장에서 가족家族: family의 인원수 및 구성은 지역별로, 시대별로 큰 차이가 있다. 사실 한국은 과거 근대기까지는 대가족제大家族制로 대부분 구성되어 있었다. 반면에 한국전쟁이 끝나고 1960~70년부터 시작된 급속한 산업화와 도시화로 인해 한국 사회의 가족 구성은 급변하여 결국 핵가족화核家族化되기에 이르렀다. 따라서 국내 및 국제시장의 소비자들의 일반적인 가족 인원수와 구성 등은 기업의 마케팅 믹스를 구축하는 데 있어 중요한 정보를 제시한다.

진출국의 현재 및 미래 가족의 변화에 대한 예측도 중요하다. 왜냐하면 현재 가족 구성이 변하지 않고 미래에도 이어질 것인지는 속단하기 이르다. 그래서 현재 시점에서 도시화의 정도와 산업 및 교육 등의 변화 속도 및 방향에 따라 가족의 변화 가능성도 연구할 가치가 있다.

더욱이 가족 구성원 간 의사결정의 의사결정권자가 보편적으로 누구에게 있는지도 파악할 필요가 있다. 왜냐하면 사회, 문화적으로 소비의 주체와 의사결정권자는 민족별, 국가별로 상이한 측면이 강하기 때문이다. 또한 소비의 의사결정 과정에 여성의 영향력과 참여 정도 등도 국가별로 상당히 큰 차이가 있어 진출국의 현재 상황 및 변화하는 특성에 대한 깊이 있는 분석이 요구된다. 따라서 이러한 핵심적인 부분을 놓친다면 성공적인 마케팅 전략 수립이 어려워진다. 실질적으로 가족은 개인의 태도와 소비 습관에 깊은 영향을 미치는 요소이며, 가족에 대한 체계적인 연구를 통하여 마케팅 믹스의 적절한 조합과 구성을 이뤄낼 수 있다.

4) 법률 환경의 이해

국내 및 국제시장에 진출해서 기업 운영에 있어 해당 산업 및 국가의 법적 체계와 내용의 차이를 인지하는 것이 핵심적인 사항이다. 국내 및 국제법은 해당 민족과 국가의 역사와 생활양식을 규정하고 있다. 법적 보호는 사실상 최소한의 조치이므로 국가별, 산업별로 다양한 내용을 담고 있어 비즈니스를 해당 국가 및 산업 분야에서 정확하고 명쾌한 사전事前 지식을 바탕으로 해 나갈 때에 법적 보호조치를 받을 수 있다. 또한 향후에 분쟁도 휘말리지 않는다.

(1) 국제법 개요

근대적 국제법은 독일의 30년 전쟁 이후에 체결된 유럽의 17세기 중엽의 베스트팔렌조약(1648년)이다. 그 조약의 핵심 내용은 각국을 주권국가主權國家로서 실질적으로 인정하고 종교의 자유원칙慈幼原則 등을 근간으로 근대에 체결된 최초의 국제법으로 매우 큰 의미가 있다. 베스트팔렌조약으로 사실상 신성로마제국과 교황은 몰락하게 되고 유럽 각국은 각자 주권국가로서 동등한 입장에서 협상을 진행하게 되어 현재의 국제관계 질서가 성립되었다. 따라서 베스트팔렌조약은 근대적 국제관계를 규정하는 최초의 국제법으로 여겨진다.

국제사법재판소International Court of Justice는 현재 네덜란드 헤이그에 있으며 UN 사법기관으로 1946년에 최초 설치되어 운용되고 있다. 국가

〈그림 47〉 국제사법재판소
(출처: https://vo.la/oPu1We)

간 첨예하게 대립되는 분쟁들이 국제사법재판소에서 처리된다. 또한 분쟁국들이 기본적으로 인정하는 국제조약과 법으로 인정하는 국제 관습, 문명국가civilized country; 文明國家들이 인정하는 통상적인 법의 판례 및 원칙과 국제적으로 저명well-known; 著名한 학자들의 글 등을 종합적으로 해석 및 적용하여 판결한다.

(2) 법의 체계 분석

세계 각 국가별로 적용하는 법은 매우 다양하며, 일반적으로 법의 체계system; 體系는 다음과 같이 세 가지로 분류된다.

① 성문법

성문법statute; 成文法 체계는 로마법the Roman law에 기초하여 발전되었다. 일반적으로 대륙 국가인 독일, 프랑스 등이 적용하여 실행한다. 성문 법은 문서화文書化된 법 규정으로 법적으로 해석되어야 하고 법의 테두 리 안에서 집행된다. 다시 말하자면 성문법체계는 모든 내용이 법전 에 기록이 되어야 법에서 인정되고 적용이 가능하다.

② 관습법

관습법慣習法; common law은 법전에 기록된 법규法規를 따르는 체계가 아 니다. 전통, 관례, 판례 등을 기반으로 판결을 내리는 법체계이다. 일 반적으로 미국, 영국, 캐나다 등의 영미 문화권 국가에서 채택하여 관습법을 적용하고 있다. 특히 지적 재산권 보호를 위해 관습법에서 는 최초 등록의 개념에 앞서 누가 최초로 사용 했느냐에 따라 법의 합법적인 보호를 받는다. 다시 말해서 등록우선주의登錄優先主義보다는 사용우선주의使用優先主義를 적용한다.

③ 이슬람법

이슬람법Islamic Law은 전 세계 국가에서 특별히 이슬람 종교를 신앙으로 가지고 있는 국가에서 이슬람 경전인 코란Koran을 법적인 규범으로 채택함으로써 법의 집행과 해석 등을 수행하는 체계이다.

일반적으로 이슬람법을 채택하고 있는 대표적인 국가는 중동 국가이다. 이들의 종교는 대부분 이슬람이다. 즉 법은 인간이 창출한 것이 아니라 신(알라)이 온전히 인간에게 부여했다고 생각한다.

이슬람법의 특수한 점은 여러 가지가 있다. 이자를 지급함에 있어 이슬람법에서는 개인 간 이자 지급이 불가하다. 단지 이자의 지급이 아니라 차입자借入者와 대출자貸出者의 수익이든 손실이든 상호 공유의 원칙을 바탕으로 거래하는 경우에는 허용된다. 그러나 이자 지급의 금지는 금융업 및 관련 기업들의 영업활동에도 큰 악영향을 주기에 관련 분야의 해외 진출에 있어서 이슬람법에 대한 심도있는 연구가 필요하다. 특히 알코올 사업이나 도박 사업도 이슬람법으로 원천적으로 규제되기 때문에 관련 사업의 투자나 진행에 있어 해당 법규를 철저하게 이해하고 접근하는 것이 중요하다.

(3) 법 관할권 명시화

국내 및 국제마케팅에 있어 사소한 분쟁에서부터 심각한 법적 다툼이 발생할 가능성은 상당히 높다. 성공적인 마케팅을 진행하고자 하는 기업들은 최초 계약 체결 또는 사업 초기에 반드시 계약서contract 작성에 있어 법적 분쟁 발생하는 경우에 어느 국가의 법적 관할권法的

管轄權에 의해 법적인 처분을 받을 것인지를 정확하게 기재해야 한다. 예를 들어 명확하게 법적 관할권을 계약서상에 표시를 하지 않는 경우에 법적 분쟁 발생 후 상호간 유리한 법을 적용하기 위해 분쟁의 발생 가능성이 커진다.

따라서 법적인 관할권 문제를 양 당사자 간 합의合意를 통하여 공식적official; 公式的 문서로서 양해각서 또는 계약서의 형태로 법적 문제가 발생하는 경우에 구체적으로 어떤 법과 법정에서 할지를 계약서에 기록하고 공식적 서명이 필요하다.

5) 경쟁환경 분석

기업이 국내시장 및 진출국의 진입에 앞서 국내 및 해외 시장의 현재 경쟁자competitor; 競爭者는 어느 기업인지와 현재 상황을 명확하게 파악해서 대응하는 것이 사업의 성패를 좌우한다.

하버드 대학교수인 마이클 포터Michael E. Porter 교수가 제안한 Five Force model파이브포스모델은 산업구조에서 경쟁의 현재 상황과 산업매력도를 평가하는 수단이다. 한편 경쟁구조를 파악하는 것은 산업에서 기업의 수익 정도를 알려주는 핵심사항이다. 〈그림 48〉은 five force model을 다소 간략하게 나타낸 것이다. 기업이 진출하고자 하는 시장에 산업 내 경쟁, 신규진입자, 공급자의 교섭력, 구매자의 교섭력 및 대체제의 위협이 경쟁요소이다. 따라서 이를 효과적으로 파악해서 산업매력도를 평가해야 한다.

국내 및 국제 시장에서 성공적인 영업을 위해 경쟁기업에 대한 면밀한 분석은 필수적이다.

예상되는 신규진입자는 어떤 기업이 될지를 예상함으로써 미래의

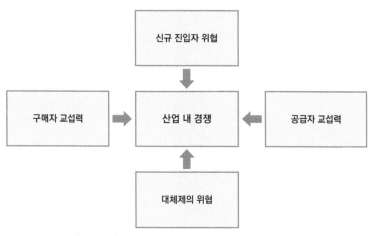

〈그림 48〉 Michael Porter의 five force model

잠재적 경쟁기업을 가늠할 수 있다. 또한 제품을 제공하고 있는 공급기업도 미래의 잠재적 경쟁자로 여겨야 한다. 이 기업들은 장기간 공급을 바탕으로 제품 정보와 시장 정보 및 고객에 대한 유효한 고급 정보를 보유할 가능성이 크다.

한편 구매기업도 관련 제품에 대하여 장기간 구매를 통하여 얻게 된 다양한 산업 정보와 고객에 대한 핵심정보를 활용하여 제3의 공급업체를 창출하여 고객에 관련 제품을 납품한다면 미래 잠재적 경쟁자로 볼 수 있다.

기업이 현재 공급하는 제품에 대하여 대체제substitute; 代替財가 시장에 나온다면 시장에서 위치를 급속도로 잃게 되어 공급량이 줄어드는 경우가 발생한다. 따라서 기업은 대체재의 출현도 경쟁으로 고려해야 한다.

또한 산업 내 경쟁의 정도를 깊숙이 파악하는 것은 상당히 중요하다. 산업 내 경쟁기업은 현재 시장에서 가장 유사한 서비스 및 품질로 제품을 제조할 가능성이 높기 때문이다. 더욱이 산업 내 소비자군 consumer group; 消費者群이 겹칠 수 있어 실질적, 잠재적으로 가장 위협적 경쟁상대가 될 가능성이 매우 높다.

2. STP 전략

1) 세분화 전략

자국의 경제, 문화와 정치 환경이 전혀 다른 해외시장에 진출하는 기업은 상당한 어려운 문제에 직면하는 경우가 많다. 따라서 해외시장 진출에 앞서 환경을 분석하는 것은 핵심적으로 필요한 부분이다.

정치, 경제, 사회/문화, 및 법률 환경을 분석한 다음, 국내 및 국제시장진출을 위해 마케팅조사 실시 후에 시장에 대한 중요한 정보를 기반으로 시장 진입을 위한 마케팅전략을 수립한다. 마케팅전략을 구성하기 위해 면밀한 해외시장의 세분화Segmentation가 이뤄져야 한다.

마케팅에서 세분화의 개념은 국내 및 국제 시장을 기업의 마케팅 활동에 대해 비슷한 반응을 나타내는 것으로 예상되는 세분시장들로 분류한다. 다시 말하자면 개별적 시장을 마케팅믹스 혹은 서로 다른 제품을 요구하는 소비자그룹으로 분류하는 것이다.

국내 및 국제시장에 대한 세분화의 기준변수는 일반적으로 인구통계학적, 지리적, 사회문화적 및 경제발전지표 등이 있다.

국내 및 국제시장에서 효과적 세분화가 되기 위해서는 다음과 같은 요건을 갖추어야 된다. 첫 번째, 세분화가 국내 및 국제시장에서 측정 가능해야 한다. 예컨대 세분화를 하는 데 있어 국내 및 국제시장에서 세분화를 통한 성과의 확인이 불가능하다면 각 시장에 대한 정확한 측정 결과를 도출할 수 없다.

두 번째, 국내 및 국제시장에 대해 접근 가능해야 한다. 예를 들어 시장이 현재 정치적 위협 또는 기업들의 연구, 조사 등을 심각하게 폐쇄 및 봉쇄된다면 접근이 불가하기에 세분화가 불가능하다.

세 번째, 국내 및 국제시장이 충분한 규모가 되어야 한다. 만약 시장 규모가 매우 협소하여 구분 자체가 필요 없는 경우에는 세분화의 유용성이 크게 없다.

네 번째, 세분화가 국내 및 국제시장에서 실행 가능해야 한다. 각 시장에 대해 세분화를 하려고 하지만, 실행하기 어려운 정도로 기준이 명확하지 않다면 세분화가 어렵다.

마지막으로 국내 및 국제시장별로 세분화를 위해 시장에서 차별화가 가능해야 한다. 예컨대 시장 자체가 차별화가 되지 않는 경우에는 세분화가 실제적으로 어렵다.

2) 목표시장 선정 전략

진출하고자 하는 국내 및 국제시장의 성공적인 세분화를 통하여 시장의 전체적인 내용에 대한 핵심적인 정보를 파악하는 것은 마케팅 활동의 효과성을 높인다. 즉 국제목표시장 선정은 세분화한 시장market 에 대해 기업이 자신들의 제품과 역량으로 가장 효과적이면서 효율적으로 시장에서 성공할 만한 목표시장을 선정하는 것이다.

국내 및 국제시장에 대한 목표시장전략의 고려사항은 다음과 같다. 첫 번째, 시장에 진출하고자 기업의 자원resource을 고려해야 한다. 쉽게 말해서 자신이 가지고 있는 역량으로서 물적 및 인적 자원이 무엇이 있는지 내부적으로 분석하는 것이다.

두 번째, 기업은 시장에 출시하는 서비스나 제품이 국내 및 국제시장에 동질성同質性이 있는지를 체크해야 한다. 예컨대 기업이 보유하고 있는 서비스와 제품이 뛰어나더라도 시장과 동질성이 없고 상이한 측면이 너무 크다면 도리어 소비자로부터 외면 받을 가능성은 더 커진다.

세 번째, 기업은 시장에 진출하기 위해 제품의 제품수명주기Product Life Cycle; PLC를 감안하여 시장에서 다른 경쟁기업의 제품수명주기도 동시에 반영하여 전략을 수립해야 한다.

네 번째, 시장의 경쟁기업의 경쟁전략도 검토해야만 성공적인 시장 진출이 가능하다. 경쟁기업이 만일 비용집중전략을 구사하면서 특정 시장과 특정소비자를 대상으로 공략하는 시장에서 동일한 전략으로 영업을 진행한다면 성공하기 어렵다. 이와 같이 경쟁기업의 전략이 어떻게 되는지 깊이 있게 검토하는 것은 핵심적인 사항이다. 반면에 다른 소비자를 대상으로 하거나 월등하게 우월한 생산원가와 판매단가를 바탕으로 차별적인 시장 진출이 요구된다.

해외시장을 세분화시킨 다음 기업은 목표시장을 선정하고 목표시장별로 적합한 전략을 위해 차별적 표적전략, 비차별적 표적전략 및 집중적(틈새) 표적전략 중에서 각 기업에 맞는 전략을 펼친다.

첫 번째, 차별적 표적전략은 시장별로, 제품별로 별도의 전략을 수립하고 실행함으로써 운영성과를 극대화하는 것이다. 제품 및 시장별로 고객이 요구하는 사항이 다방면에서 다를 수 있기 때문에, 차별적으로 마케팅전략을 운영하는 것이다. 이러한 목표전략은 각 제품 및 시장별로 전략과 인적, 물적 자원을 투입해야 하므로 추가적 시간과 비용이 발생한다.

두 번째, 비차별적 표적전략은 세분화된 시장 중에서 선정된 목표 시장에서 다른 시장과 구분하지 않고 비차별적으로 전략을 운영하는 것이다. 마케팅 비용을 별도로 집행할 필요가 없기 때문에 시간과 비용의 절감이 장점이다.

세 번째, 집중적(틈새) 표적전략은 현재 시장에서 기존 기업들이 서비스 또는 물품을 공급하지 않는 틈새시장niche market을 표적으로 하는 집중적 전략을 실행하는 것이다. 예컨대 기존 치킨을 판매하는 시장에서 대부분의 기업들은 양념치킨, 양념치킨 등의 일반적 부위를 판매하고 있다고 가정했을 때, 이 때 틈새시장이라고 할 수 있는 닭강정을 내세워 판매함으로써 빈 틈새에 자리한 시장을 공략하는 전략이 집중적(틈새) 표적전략이다. 예를 들어 대표적인 브랜드로 '알통떡강정', '가마로 강정' 등이 있다. 다시 말해서 시장에 신제품 출시 당시에 기존 경쟁자들이 공급하지 않는 분야 또는 영역의 제품이나 서비스를 타깃target으로 하여 공략하는 것이다.

3) 포지셔닝 전략

기업이 국내 및 국제시장을 대상으로 세분화시킨 다음 자신의 제품 특성과 내부 역량을 반영하여 목표시장을 선정한다. 그런 다음 기업은 목표시장에서 해당 제품과 서비스를 특정시장에서 어떤 포지셔닝positioning을 할 것인지를 결정한다. 제품 및 서비스의 포지셔닝은 기업의 국내 및 국제시장 진출의 성공 여부를 직접적으로 영향을 미치는 중요한 점이다.

특정시장에서 기업 제품 및 서비스의 포지셔닝은 현지 시장에서 성공여부를 가를 수 있는 중요한 활동이다. 이러한 점을 검토해 본다면 포지셔닝전략에 대한 심도있는 접근이 대단히 중요하다. 효과적인 마케팅 전략수립을 위해 세부적인 포지셔닝의 절차는 다음과 같다.

국내 및 국제시장에 있어 제품과 서비스에 대한 포지셔닝 전략을 구축하기 위해 경쟁기업과 소비자의 현재 상황을 면밀하게 분석한 후 경쟁기업 중심의 포지셔닝을 고려해야 한다. 그 다음 단계로 자사(自社)의 제품 또는 서비스에 대한 포지셔닝을 실시하고 시장 반응을 반영하여 재포지셔닝하는 단계를 거친다.

현재 다국적 글로벌기업들은 포지셔닝을 시장에 상관없이 통일된 브랜드 이미지를 구축하는 차원에서 마케팅을 펼치는 경우도 많다. 왜냐하면 시장에 따라서는 통일된 이미지로 구축된 기업 제품 또는 서비스에 대해 큰 호감을 보이는 시장도 분명히 존재하기 때문이다. 반면에 대다수의 기업들은 제품 또는 서비스를 차별화되거나 경쟁우위를 기반으로 시장과 소비자 상황에 맞도록 상이한 포지셔닝을 한다.

기업이 국내 및 국제시장에서 포지셔닝을 하는 형태를 다음과 같이 다양한 방법이 있다. 이처럼 기업의 포지셔닝 전략은 상황과 소비자에 맞도록 상이하게 적용해야 한다.

포지셔닝 형태	주요 내용
경쟁제품에 대한 포지셔닝	경쟁사 제품의 시장포지셔닝을 고려하여 동일한 또는 상이한 포지셔닝을 하게 된다.
제품군에 따른 포지셔닝	제품의 차별화된 제품군을 만들어 더 전문적인 분야로 포지셔닝하는 것을 말한다.
사용상황별 포지셔닝	제품의 사용될 상황을 상기시켜 제품의 구매를 유도하는 포지셔닝이다.
속성별 포지셔닝	경쟁사 대비하여 속성별, 기능별로 뛰어난 점을 강조하는 포지셔닝이다.
니즈 중심 포지셔닝	소비자의 니즈를 소구함으로써 제품의 포지셔닝을 하는 형태이다.
사용자 중심 포지셔닝	제품에 대한 사용자를 자연스럽게 떠 올리게 하는 형태의 포지셔닝이다.

3. 4P Mix

국내 및 해외현지시장에 대한 환경 분석에 따른 시장 마케팅조사를 근간으로 국내 및 해외진입전략을 수립한 기업은 세부적으로 시장에 대한 마케팅 전략을 수립한다.

마케팅믹스는 국내 및 해외시장에서 고객의 욕구를 충족시키기 위하여 시장에 맞는 제품과 서비스를 경쟁기업에 비해 경쟁력이 있는 가격으로 최대한 효과적으로 마케팅 커뮤니케이션 활동을 실시하여 가장 적절한 유통 방법으로 판매를 하도록 마케팅전략을 종합적으로 활용하는 활동이다.

마케팅믹스의 구성요소는 제품전략, 가격전략, 유통전략 및 마케팅 커뮤니케이션전략이 있다. 이러한 구성요소 중 하나라도 시장에 맞지 않는 경우에는 비즈니스의 성공을 기대하기는 상당히 어렵다. 왜냐하면 이러한 마케팅활동의 적절한 조합이 기업의 영업활동에서 경쟁우위를 창출하기 때문이다.

마케팅믹스를 구성하는 요소로는 보통 4가지로 다음과 같이 제품전략, 가격전략, 유통전략 및 마케팅 커뮤니케이션전략이 있다.

1) 제품전략Product Strategy

국내 및 국제시장에서 기업이 신규 또는 기존 제품을 시장에 출시하기 위해 고려해야 할 사항은 시장적응성, 제품의 속성 및 브랜드자산의 여부 등이 있다. 기존 제품을 확장하여 시장에 그대로 진출할지 아니면 신규 제품을 개발하여 국내 및 국제시장에 다른 제품속성으로 제품 포지셔닝을 할지는 시장상황별로 정교하게 접근해야 국내 및 국제시장에서 성공적으로 매출 신장을 가능케 한다.

2) 가격전략Price Strategy

시장에 따라서 가격price이 최고의 결정인자가 되기도 한다. 이러한 점에서 가격은 제품에 대한 것과 품질적인 면에서 다양한 부분을 설명해 주는 도구가 된다. 기업이 시장에서 마케팅전략을 효율적으로 운영하기 위해 경쟁기업분석, 시장분석 등을 통해 시장에서 통용되는 가격을 분석하는 것이 중요하다. 이러한 정보를 기반으로 품질과 제품의 포지셔닝을 통해 가격을 결정하고 자사 제품에 적절한 가격을 시장에 제시해야 소비자의 선택을 받을 수 있다. 예컨대 제품과 품질, 서비스의 모든 면에서 만족스럽지만 너무 지나치게 가격이 고가high-priced; 高價이고 시장의 특성에 맞지 않아 실패하는 기업도 있기 때문에 심도 있는 시장분석으로 가격 정책을 적합하게 수립하는 것은 핵심적인 마케팅 활동이 된다.

3) 유통전략Place Strategy

기업은 국내 및 국제시장에서 어떤 방식으로 제품을 진열 및 전시하고, 오더 접수한 다음 어떠한 운송수단으로 배송할 것인지를 결정한다. 더욱이 고객에게 최종적으로 전달되는 유통의 방식이나 판매장소 등을 명확하게 제시해야 한다. 고객들이 쉽게 구입이 가능하도록 유통을 구성하는 것이 필요하다. 최근에 급변하는 유통형태로의 변신도 국내 및 국제시장의 사정에 따라 유통혁신이 요구된다. 코로나와 같은 세계적 질병의 대유행 상황에서 빠른 배송 방식 또는 온라인 주문 등을 통해 최종 고객에게 전달되는 유통혁신의 도입이 더욱 중요시되는 시점이다.

4) 마케팅 커뮤니케이션전략_{Marketing Communication}

국내 및 국제시장의 소비자에 대한 광고활동에 있어서 시장별로 상이한 점을 반드시 고려해야 한다. 또한 전략적으로 기존 경쟁사와는 차별화된 홍보전략이 요구된다. 시장의 상황에 따라 판매촉진활동이 더욱 효과적인 마케팅 커뮤니케이션활동이 되기도 한다. 왜냐하면 시장, 제품 및 서비스 특성에 따라 쿠폰발행, SNS 또는 인적판매활동 등이 라디오, TV 등의 광고보다도 효과를 발휘하는 국가도 있다. 제품 특성별로 또는 시장특성별로 잡지 또는 신문 등에 의한 홍보활동이 효과가 높은 방식이 되기도 한다.

제3장
생산과 품질운영

생산관리는 기업의 여러 핵심적 요인을 수행하는 경영기법 중 하나이다. 생산관리의 총체적인 구성을 서술하면 다음과 같이 3가지로 요약 가능하다.

첫째, 생산관리계획은 경영의 실행에 있어 매우 중요한 부분 중에 하나이다. 더 자세하게 설명한다면, 생산관리계획은 시설 입지facility location, 설비 배치equipment layout, 자재소요관리material requirement management, 구매관리purchase management, 재고관리stock management 및 품질관리quality management 등을 포함한다. 이러한 활동은 기업의 핵심적인 실행 단계에서 실행되는 것으로서 기업의 성과와 생산성 등과 직접적으로 연관되는 것이다.

둘째, 공정관리는 기업의 생산 활동을 통해 실제적으로 결과가 도출되는 과정이다. 이는 기업이 최대한 성과를 높이기 위해 생산성을 극대화하는 목적이 있다. 즉 투입 대비 산출물을 늘리기 위해 기업은 최선의 노력을 다한다.

셋째, 공정개선은 기업의 생산 활동 이후에 생산 실적을 평가하는 것이다. 그 평가 단계에서 도출된 문제를 분석하여 기업이 조치할 수 있는 것을 창출한다. 다시 말해서 기업은 이 과정에서 나온 문제점을 조정하거나 혁신하고자 한다. 이것이 가능하기 위해서는 정확한 문제 진단이 우선적으로 이뤄져야 한다. 그런 다음 기업의 현재 가용한 자산과 역량을 분석하여 공정변화 또는 공정혁신을 실행하는 것이다.

위와 같이 기업은 생산관리계획을 기업의 전략에 맞도록 작성한 다음 공정관리의 과정으로 넘어가서 실행하게 된다. 공정관리에서 산출된 결과물을 바탕으로 개선점이 있는지를 파악한다. 만약 개선점이 있는 경우에는 개선 활동 계획서를 작성하여 일정관리와 작업관리를 통해 개선 활동을 해 나간다.

1. 전략과 연계성

기업의 생산관리계획은 전략과 연관성이 있어야 하고 일관성을 갖추고 있어야 한다. 만약 생산관리계획이 전혀 전략과 일치하지 않는다면 기업이 애초부터 계획했던 목표를 달성하기는 사실상 어렵다.

시설 입지는 전략에서 추구하는 목표를 효과적으로 달성하는 위치가 되어야 한다. 설비 배치는 생산의 효과성과 효율성을 이룰 수 있는 것이어야 한다. 자재소요관리는 기업이 목표로 하는 생산량을 기초로 세워져야 한다. 더욱이 구매 관리는 공급사로부터 구매량을 전략에 기초한 자료를 바탕으로 실행한다. 재고관리와 품질관리에 있어서 목표를 달성하기 위해 용이한 수준으로 관리되어야 한다.

2. 생산성

생산관리 중 하나인 공정관리의 가장 중요한 체크포인트는 생산성 productivity이다. 즉 공정관리에 있어서 기업은 자재투입량 대비 산출량을 산출하게 된다. 이러한 지표는 자재생산성이라고 한다. 만약 노동투입 대비하여 산출량을 도출한다면, 이는 일반적으로 노동생산성이라고 한다. 또한 자본의 투입으로 인해 산출되는 생산량은 자본생산성이라고 한다.

이와 같이 기업은 여러 지표를 통해 자재생산성, 노동생산성, 자본생산성 등을 확인하고자 한다. 왜냐하면 기업은 생산성을 매우 중요하게 생각하기 때문이다. 생산성이 낮다고 판단되면 기업은 일련의 생산 활동에서 생산성을 저해하는 요인을 찾아내어 개선 활동을 시행한다. 생산과정에서 낭비의 요소가 있는지, 불량 발생으로 폐기비용이 얼마나 되는지와 생산라인의 비효율적인 운영은 없는지 면밀하게 파악하게 된다.

3. 수요 예측

기업은 정확한 수요를 예측하기를 원한다. 하지만 수요를 정확하게 예견하는 것은 상당히 어려운 일이다. 왜냐하면 현실의 경영환경에서는 황소채찍효과bull whip effect가 일어날 수 있는 가능성이 많다. 여기에서 황소채찍효과는 제조사, 유통업자, 딜러 및 대리점 등으로부터 정보가 정확하게 전달되지 못해서 발생하는 현상이다. 즉 대리점에서 평소보다 수요가 10% 증가로 인해 유통업자, 딜러 등은 그보다 더 많은 재고인 20% 이상을 확보한다. 결국 제조사는 이러한 제한된 정보를 바탕으로 평소보다 더 많은 40% 이상을 생산하게 된다. 이로 인해 불필요한 초과 재고량이 제조사에 쌓이게 된다. 이러한 현상을 일반적으로 황소채찍효과라고 한다.

따라서 기업은 이러한 불필요한 재고를 줄이기 위해 공급사와 연계한 공급사슬관리supply chain management를 도입하여 실행한다. 많은 기업들이 국내에 한정된 것이 아니라 글로벌 시장의 공급사와도 연계하여 상호간의 긴밀한 정보공유를 위해 디지털 기술을 활용하여 SCM IT system을 구축하고 있다. 이러한 재고와 자재 내역을 상호 정보를 공유하고 운영기업의 생산계획을 실시간 파악하여 공급망의 공급사들은 철저하게 계획을 맞추기 위해 전력을 다해 노력한다.

4. 생산계획

기업의 생산계획은 목표를 달성하기 위한 핵심적인 요소임에 틀림이 없다. 왜냐하면 생산계획을 달성하지 못하는 것은 당초에 수립한 기업이 바라는 매출액을 성취하지 못하는 것을 의미한다. 따라서 기업은 생산량을 달성하지 못하는 경우에는 잔업이나 특근 등을 통해 생산량을 증대하고자 노력한다. 또한 생산인원의 추가 채용으로 생산량을 늘리기 위해 최선을 다한다. 생산계획은 기업의 생산인원과 생산역량 등을 종합적으로 고려하여 도출된다.

예컨대 더 많은 생산을 해야 하는 전략을 수립한 경우에는 기업의 경영자는 추가적인 투자를 통해 생산라인 증설, 공장 설립 및 확장 등을 검토하는 것이다. 이러한 생산계획은 반드시 기업의 전략과 일맥상통해야 한다.

5. 효과적 품질관리

1) 개념

품질quality에 대한 정의는 학자마다 다른 관점으로 서술되고 있다. 이러한 논의에서 일반적으로 수용되는 품질의 개념은 다음과 같다. 품질은 고객이 평가하는 것으로서 고객이 지불하고자 하는 가격으로 제품(또는 서비스)이 의도하는 목적을 제대로 구현具現하는가 하는 가치라고 정의내릴 수 있다.

2) 품질 수준의 결정

품질의 수준은 근본적으로 3가지 측면에서 설명이 가능하다. 첫째, 설계품질quality of design은 고객 만족과 연관되어 있는 것으로 제품이나 서비스가 고객이 만족할 만한 기능과 실현 능력을 보이도록 설계되어 있는지를 의미한다. 제품의 성능이 제공 목적에 적합하도록 설계되어 고객이 만족한다면 설계품질은 높다고 보는 것이다. 이는 제조에 앞서 설계의 과정에 고객마케팅 부서 및 생산 부서의 요구를 반영하여 사용에 적합하도록 만들어야 설계품질을 높일 수 있음을 의미한다.

둘째, 적합품질quality of conformance은 설계에 맞게 제작하는 것을 의미한다. 적합품질은 다른 말로 제조품질quality of manufacturing이라고 불린다. 생산 부서에서 설계도 또는 제조시방서 등에 맞도록 제조한다면 적합품질은 높다는 것을 의미한다. 이러한 것이 가능하기 위해서는 제조에 적합한 설계가 선행되어야 하고 철저한 공정관리와 주도면밀한 전사적 품질관리가 되어야만 한다.

셋째, 성과품질quality of performance은 고객이 사용하는 데 적합성이 있는지를 의미한다. 따라서 성과품질은 다른 말로 사용품질quality of use을 뜻한다. 제품을 실제 사용함으로써 고객이 만족하는 여부에 따라 품질이 결정되는 것이다. 이는 설계가 정확하게 이루어져야 하며 제조품질도 동시에 성취되어야 하는 품질인 것이다. 어느 하나라도 그 품질 수준을 맞추지 못하는 경우에는 성과품질의 달성은 요원하다.

위와 같이 품질의 수준을 결정하는 것은 설계품질, 적합품질 및 성과품질이 있다. 기업이 제공하는 제품이나 서비스가 세 가지 품질을 동시에 만족하는 경우에는 소비자들의 요구를 충족하게 되어 고객만족으로 이어진다.

결론적으로 기업의 제품이나 서비스의 품질이 시장에서 고객들의 선호도를 높인다면 기업은 경쟁 우위competitive advantage를 확보하게 된다. 장기적인 관점에서 기업은 설계품질, 적합품질 및 성과품질을 모두 만족시키는 전사적 품질관리를 지속적이면서도 총체적으로 수행해야 한다. 그렇지 않다면 경쟁사로부터 서서히 뒤처지게 되는 것이다.

3) TQM

치열해지는 글로벌 경쟁환경에서 기업의 품질관리는 더 이상 선택이 아닌 필수가 되었다. 전사적 품질관리는 TQM^{Total Quality Management}이라고도 일반적으로 불린다. 이는 생산 및 품질부서만이 품질을 관리하는 것이 아니라 기업의 전체 부서 및 구성원들이 전사적^{全社的}으로 프로세스^{process}를 설계하고 철저하게 운영하는 품질관리를 의미한다.

전사적 품질관리는 Deming(1986)에 의해 제시되었으며 현대적 경영, 품질관리로서 크게 부각되었다. 그가 제시한 Deming management method로서 PDCA 사이클은 많은 기업들에게 큰 영향을 주었으며 전사적 품질관리의 표본이 되었다고 해도 과언이 아니다.

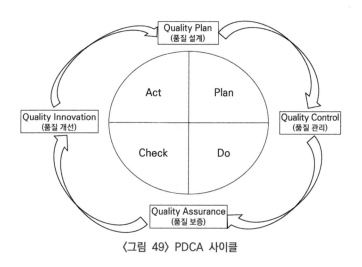

〈그림 49〉 PDCA 사이클

Deming은 품질관리의 순환적인 관계로서 Plan^{계획}, Do^{실행}, Check^{검토} 및 Act^{조치}를 제시하였다. 성공적인 관리를 위해 품질 설계를 최초로 수립한 후에 그에 따라 기업은 품질(공정) 관리를 시행해야 한다. 그에 따라 품질 검사를 통해 품질 보증된 제품만 출고가 되어야 하며 시장에서 고객의 만족도와 경쟁사 대비하여 품질상 문제 여부를 파악해야 한다. 만일 품질의 문제가 지속적으로 발생하는 경우에는 지체 없이 품질 개선 활동을 시행해야 한다.

생산혁신 성공사례

　LS그룹이 사회와 환경을 생각하는 스마트 기술^{smart technology}을 활용하여 ESG^{Environmental, Social and Governance} 경영에 노력하고 있다. 중소기업에 핵심 기술을 공유해 동반성장을 꾀하는 것과 환경을 생각한 수소사업, 신재생에너지 등에도 나서고 있다.

　2021년 10월 27일, LS그룹에 의하면 LS일렉트릭의 청주 스마트공장이 세계경제포럼(다보스포럼)으로부터 'Lighthouse Factory'에 선정되었다. LS일렉트릭은 LS의 자동화·전력·스마트에너지 전문 자회사이다. 국내 공장이 세계등대공장으로 선정된 것은 포스코^{Posco} 이후 두 번째 사례다. 이번 세계등대공장 선정은 어두운 바다에 '등대'가 불을 비춰 배들의 길을 안내하는 것 같이 LS가 인공지능^{AI}, 사물인터넷^{IoT}, 클라우드 등 4차 산업혁명을 견인할 핵심 기술을 활용해 새로운 제조업의 성과 모델을 만들어 내는 공장이라는 것을 세계적으로 인증받은 결과물이다.

　LS일렉트릭의 스마트공장 핵심기술은 LS가 구축한 오픈 플랫폼인 테크스퀘어 등을 통해 중소기업과 공유하고 있다. 이는 한국 제조업의 경쟁력을 업그레이드해 동반성장에도 기여할 것이다. LS는 그룹 차원의 ESG위원회를 지주회사 내에 출범시켜 지속 가능경영에 더욱 노력하고 있다. LS는 2021년 8월에 지주회사인 (주)LS에 기존 내부거래위원회의 기능을 확대 및 개편한 ESG위원회를 설치하였다. 위원회의 위원장으로 예종석 (주)LS 사외이사이자 전^前 사회복지공동모금회장을 선임하였다. 위원회는 그룹 관점의 ESG 정책 변화 대응 및 방향성 정립, 각 기업의 ESG 실행 모니터링 및 지원 등 그룹의 ESG 경영을 총괄 관리하는 역할을 한다. LS그룹은 투명하고 합리적 지배구조를 확립하기 위해 주요 상장사를 바탕으로 내부거래위원회를 신설해 운영해 왔다. 주주총회에 LS일렉트릭, (주)LS, E1 등에서 전자투표제를 전면적으로 도입하여 주주들의 권리를 보호하고 있다. 또한 사업보고서 등 주요 공시를 통하여 ESG실천 사례를 공유하려고 한다.

　계열사별로는 LS전선은 올해 ESG위원회와 전담 부서를 신설하고 안전관리와 친환경 제품 개발 등을 강화하는 내용의 'ESG 경영 비전'을 2021년 6월에 선포하였다. 또한 2050년까지 全 사업장에서 사용 전력의 100%를 재생에너지^{renewable energy}로 충당하는 'RE100'을 추진할 계획이다.

2020년 12월에는 현대자동차와 함께 수소 연료전지 기반 발전 시스템 개발을 위하여 '수소 연료전지 발전 시스템 개발 및 공급 관련 상호 협력'을 골자로 하는 양해각서를 체결하였다.

LS-니코 동제련은 온산제련소에 생산 전 과정을 통신기술로 연결하여 공정이 자동으로 이뤄지는 스마트팩토리 시스템인 ODS^{Onsan Digital Smelter}를 추진 중에 있다. 세계 2위의 생산량을 보유한 온산제련소를 생산의 안정성과 효율성 강화와 함께 환경보호까지 아우르는 글로벌 제련업계 최초의 제련소로 만드는 목표로 하고 있다.

친환경 에너지 기업인 E1은 '신재생 민자발전 사업팀'을 신설한 다음 강원 정선에 8MW급 태양광 발전단지를 준공하는 등 발전 사업자로서 신재생에너지 사업 분야 진출을 적극적으로 하고 있다.

또한 LPG 저장기지 및 충전소 부지를 활용한 태양광 발전 사업을 확대하고 있다. 46MW급 영월 풍력 발전 사업도 착공着工에 들어가는 등 신재생에너지 사업영역을 다각화多角化 중이다. 더불어 환경부와의 업무 협약을 통하여 경기와 서울 등 수도권에 있는 기존 LPG 충전소 3곳을 수소충전시설을 동시에 갖춘 복합 충전소로 전환하는 작업을 하고 있다. 2021년 9월에 출범한 수소기업협의체에 참여하여 SK, 현대차 등의 주요기업들과 더불어 수소 분야 사업협력을 강화하고 있다. '친환경 에너지 공급자'로서의 역할을 확대하고 있다. LS그룹 관계자는 "전통적인 제조업 분야에 빅데이터, 자동화, AI 기술 등을 활용하여 획기적으로 디지털 역량을 강화하고자 한다"며 "주력 사업의 디지털 전환과 현재까지 축적해 온 그린 에너지 분야의 월등한 기술력으로 지속 가능한 사회를 이루기 위해 친환경 사업 역량을 강화할 것"이라고 말했다.

—2021년 10월 27일자 팍스넷뉴스 참조

제4장
전사적 인적자원관리

인적자원관리는 기업의 미래 성장 가능성을 가늠할 만큼 기업 경영에서 매우 중요하다. 왜냐하면 결국 기업을 운영하는 주체는 경영자이고 직원들의 역량의 총합으로 기업의 성과를 창출하기 때문이다. 이러한 점에서 기업은 기업의 인적자원관리를 위해 전략과의 일치성이 핵심이다.

1. 전략과 연계

인적 자원의 효율적 관리를 위해 경영자는 기업의 전략과 유기적으로 연계시키고자 한다. 이를 위해서 기업은 인적 자원의 규모와 활용

정도를 결정하게 되는데, 이것의 기초적인 토대는 기업의 전략이다. 사실상 인적자원관리가 전략과 일치하지 않거나 반대 방향으로 이뤄진 경우에는 기업은 성공적인 성과를 달성하기 어려워진다. 예를 들어, 기업이 글로벌시장에 직접투자를 통해 진출하고자 한다면 인적자원관리로서 해당 시장의 전문가를 채용하거나 주재원이 될 인원에 대한 교육훈련에 집중해야 한다. 반대로 해외진출을 추진하는 기업의 전략을 수립했음에도 기업의 비용 절감을 위해 해당 국가 진출을 위한 인재양성 프로그램을 운용하지 않거나 지역 및 통상전문가 채용을 준비하지 않는다면 기업의 목표를 달성하기 어렵다.

2. 직무관리

직무관리는 크게 직무 분석, 직무 평가 및 직무 설계로 구분된다. 성공적인 인적자원관리를 위해서는 직무를 정확하게 분석하고 평가하며 설계해야 한다. 다음과 같이 직무관리에서 핵심적인 요소들을 자세하게 설명하고자 한다.

1) 직무분석

기업의 운영에서 직무에 대한 정확한 분석은 가장 우선적으로 실행해야 할 요소이다. 직무분석job analysis은 현재 경영진과 직원들의 직무를 세부적으로 기술하는 것과 직무를 수행하는 데 필요한 자격 및 능력 등을 표시하는 것이다. 이러한 점에서 직무분석은 직무기술서와 직무명세서로 표현된다.

(1) 직무기술서

직무기술서job description는 기업에 속한 전 직원의 업무 수행에 있어 자세한 직무를 묘사하거나 직무단위를 세분화하여 표기한 것이다. 다시 말하자면 직무 수행에 필요한 직무를 세부적으로 나눈 것이고, 어떠한 절차에 따라 업무 수행하는지를 적은 것이다. 그러므로 직무기술서의 내용은 되도록 자세하고도 명확하게 표현하는 것이 필요하다.

(2) 직무명세서

직무명세서job specification는 기업의 직무를 수행하는 데 필요한 능력capability, 기술skill, 자격qualification 등을 기록한 것이다. 기업의 인적자원관리를 수행하는 경영자는 해당 직무를 효과적으로 수행할 수 있는 능력과 자격 등을 찾아내야 한다. 왜냐하면 해당 직무를 잘 수행할 가능성이 높은 인재를 채용하거나 교육 훈련을 통해 양육해야 하기 때문이다. 다시 말해서 인적자원관리의 목적은 충분한 능력을 갖춘 인재가 기업의 요구하는 직무를 담당하고 효율적으로 업무를 수행하도록 배치하는 것이다. 이것을 하기 위해 직무명세서를 현실적이면서도 실용적으로 정확하게 작성하는 것은 상당히 의미 있는 일이다.

2) 직무설계

직무관리에서 직무기술서와 직무명세서를 통해 파악한 직무를 기업의 목표를 효과적으로 달성하도록 적합한 직무로 구성하는 것이 직무설계job design이다. 실질적으로 직무설계를 제대로 하지 못한다면 직무의 성과를 극대화시키는 것은 매우 어렵다.

여기에서 명심해야 할 것은 인적자원관리의 목적은 오로지 기업의 목표를 달성하는 데 효율적인 직무로 설계하는 것이다. 따라서 기업의 직무를 체계적으로 파악하고 직무의 특성과 환경에 맞는 직무로 설계하는 것은 기업의 성과를 달성하는 최적화의 지름길이다.

3) 직무평가

위와 같이 직무관리는 여러 가지 요소로 구성되어 있다. 왜냐하면 직무관리는 직무분석, 직무설계 및 직무평가job evaluation로 구분되기 때문이다. 앞서 언급한 바와 같이 직무분석에 따른 직무설계는 현실적으로 기업의 각 조직에 적용된다. 이에 따라 기업의 인적자원관리의 측면에서 경영자는 각 직무가 기업의 의도와 목적에 적합하게 구성되어 있는지 평가하는 단계가 직무평가이다. 직무분석에 따른 기업의 목표(또는 전략)를 효과적으로 달성하기에 적합한 직무로 구성되었는지를 검토 및 평가하여 조정, 확대 및 통제를 실행하는 것이다.

일반적으로 직무평가하는 방법은 서열법, 분류법, 점수법 및 요소비교법이 있다. 각 직무평가 방법은 절대적으로 맞는 방법은 존재하지 않으며 기업에게 적합한 방법을 선택하여 평가를 실행하는 것이 중요하다. 만약 직무평가의 검토 결과에 따라 낮은 점수로 나오는 경우에는 경영자는 보완 또는 수정을 통해 적절한 직무설계가 되도록 재조정하는 것이 필요하다.

3. 채용

기업의 전략과 더불어 직무관리에서 수립된 계획에 따라 기업은 인원 충원 계획을 세운다. 그 시급성은 사업의 진행 속도와 진척도에 따라 달라진다.

1) 개념

채용은 기업의 목표 달성과 역량 강화를 위해 인원 충원을 실행하는 것이다. 사업의 성장에 따른 적합한 인원이 적시에 충원되지 않으면 사업이 성장의 시기를 놓치게 되며 기업이 목표로 하는 성과의 달성도 기대하기 어렵게 된다. 따라서 기업의 채용은 기업의 미래 성장의 잠재력을 확보할지를 결정하는 핵심 요소이다.

2) 채용의 중요성

기업에게는 다음과 같은 측면에서 채용이 매우 중요하다. 첫째, 채용은 기업의 성과 및 문화에도 큰 영향을 미친다는 점이다. 채용된 직원들이나 경영자들이 조직에 들어와서 성과를 향상시킬 수도 있고 문화를 의미 있게 변화시킬 수도 있기 때문이다. 둘째, 채용은 사회 및 경제적으로 기여하는 측면도 있기 때문이다. 기업이 채용을 늘림으로써 사회의 고용률을 높이기도 하며 경제적으로 개인들의 소득을 증가시키는 측면도 있다. 셋째, 채용은 개인의 삶에도 큰 영향을 미친다. 개인들이 한 인간으로서 독립된 삶을 위해 직장을 통한 소득을 획득함으로써 개인의 삶을 풍요롭게 하기도 한다. 또한 개인이 기업

이라는 사회에서 한 인간으로서 사회성을 학습하는 하나의 기회가
되기 때문이다.

3) 채용 선발의 원칙

(1) 효율성

기업이 채용을 진행하는 원칙으로서 채용 방식이 효율성이 있는지
를 고려해야 한다. 자칫 채용 방식이 과도한 비용과 시간이 소요된다
면 채용의 효율성이 현저히 낮아지는 것이다. 그래서 기업은 채용
선발에 있어서 비용 대비 성과를 극대화시켜 효율성을 높이는 것이
필요하다.

(2) 형평성

기업이 채용을 하는 데 있어서 채용 절차와 내용, 진행의 형평성을
유지해야 한다. 채용의 원칙을 준수하는 것이 중요하며 객관성을 통
해 좋은 인재를 확보할 수 있다. 예컨대 형평성에 저해되거나 치우친
채용을 하는 경우에는 최적화된 채용을 기대하기는 어렵다.

(3) 적합성

채용을 함에 있어서 채용을 위한 내용과 필요한 인재를 선발하는
인터뷰를 구성함에 있어 적합성이 담보되어야 한다. 인터뷰를 진행하
는 자가 적합한 인재로 구성되어야 하고 인터뷰의 내용도 채용을 하

는 데 있어 충실성이 있어야 한다. 또한 모든 채용의 절차와 일정 등이 충분한 시간이 주어져야 한다. 왜냐하면 충분한 공고 기간과 적합한 인터넷 사이트를 선정해야만 직무에 적합한 인재를 적기에 선발할 수 있기 때문이다. 인적자원관리에서 채용은 모든 공고, 인터뷰 진행, 인터뷰 진행자 및 최종 선발 통보에 이르기까지 적합성이 있어야 한다.

4. 교육훈련

1) 개념

교육훈련은 교육훈련 프로그램을 통해 기업 구성원의 능력을 제고하고 재직자 또는 신입사원의 역량을 강화하는 것이다. 또한 기업의 전략과 운영에 있어 역량을 높이는 것을 목적으로 한다. 일반적으로 기업은 조직구성원들의 능력과 기술 등이 기업이 원하는 수준까지 도달하도록 지속적으로 교육훈련을 실시한다.

2) 교육훈련의 필요성

기업에서는 다음과 같은 이유로 교육훈련이 필요하다.

첫째, 조직구성원의 능력 개발로 조직의 성과향상을 기대하기 때문에 교육훈련이 필요하다. 기업의 성과향상을 시키는 여러 가지 요인이 있지만, 일반적으로 조직구성원의 운영능력과 경영능력을 향상시킨다면 성과향상의 가능성이 높아진다.

둘째, 현재의 급변하는 시대에서 지식의 반감기가 가속화되기 때문에 새로운 기술과 능력을 교육하여 시대적 요구에 맞춰 향상시키는 것은 기업들에게는 필수이다.

셋째, 바람직한 조직문화를 구성하기 위해서 교육훈련은 반드시 필요하다. 불확실성이 날로 높아지는 상황에서 혁신적인 변화를 선도할 조직문화를 확립할 필요가 있다. 또한 교육과 양성의 실행으로 조직문화는 더욱 민첩성을 견지하게 된다(Kang & Stephens, 2022).

따라서 기업에서 교육훈련은 미래의 경쟁 우위를 확보하고 불확실성을 극복하는 조직의 변화와 혁신을 불러올 미래 인재에 대한 투자이다. 이제 교육훈련은 선택이 아니라 필수이다.

3) 교육훈련 진행과정

체계적인 교육훈련의 절차를 인식하는 것은 매우 중요하다. 기업의 경영자로서는 교육훈련 계획의 수립과정과 실행을 정확하게 인지하는 것이 필요하다. 진행과정은 다음과 같이 간략하게 정리 가능하다.

(1) 사전분석

교육훈련에 앞서 교육해야 할 대상자와 필요한 교육을 도출해 내는 것이 우선되어야 한다. 이를 통해 교육을 담당할 교육기관이나 인력 풀을 사전에 분석해서 교육선정에 있어 제대로 실행되도록 조치해야 한다.

(2) 교육훈련 선택/계획

바람직한 교육훈련을 선택하기 위해서는 교육대상을 계층별, 신분별로 할지 미리 선정해야 한다. 교육의 실시장소는 어느 장소가 적절할지 고려해야 한다. 또한 교육 방법에 있어 강의식, 회의식, 시청각, 참여식, 사례연구 또는 자기개발 등의 방식 중에서 교육의 효과를 극대할 수 있는 방법을 선정해야 한다. 교육을 할 수 있는 교육기관을 섭외하거나 직원들이 공개된 강좌를 강의 신청하도록 할지 교육담당자는 결정해야 한다. 최종적으로 각 개인별, 팀별, 부서별로 적절한 교육을 기업의 실정과 방법에 따라 교육계획을 입안하여 최종의사결정자의 승인 하에 교육계획을 일반적으로 확정한다. 기업의 최종의사결정자의 승인 하에 교육계획을 확정짓는 이유는 그만큼 교육훈련의 실행이 중요하다는 것이고 교육훈련의 투자가 되어야 하는 사항이기 때문이다.

(3) 교육 실시 및 평가

교육계획에 따라 기업의 교육담당자는 각 개인별, 팀별, 부서별로 실시되도록 관리해야 한다. 그 교육의 형태는 교육계획에 나와 있는 방식으로 진행되도록 해야 한다.

교육의 실시 후에 교육이 효과적으로 수행되었는지 평가하는 절차가 필요하다. 교육의 평가에서 주요한 내용은 다음과 같다.

첫째, 피교육자 평가로써 피교육자가 교육을 통해 해당 교육의 효과성을 거두었는지 확인한다. 다시 말해서 교육의 목적을 제대로 달성했는지 검증하는 것이다.

둘째, 교육 방법이 현실적으로 유효했는지 검토해야 한다. 교육의 목적을 달성하는 데 적절한 교육 방법이 되었는지 검증하여 추후 교육계획 수립에 참조할 수 있다.

셋째, 교육실시자 평가가 되어야 한다. 이는 추후 교육기관 선정이 재검토되어야 하는지를 확인하기 위해서이다. 만약 교육실시자의 평가가 좋지 않다면 새로운 교육기관이나 인력풀을 활용하여 교체의 필요성이 있다.

넷째, 교육의 비용이 적절했는지 평가하는 것이다. 해당 교육을 수행하는 데 있어 교육비용이 과도하게 집행된 것은 아닌지와 교육대비 실효성이 있었는지 평가해 보는 것이다.

위와 같이 교육훈련의 평가는 다양한 측면에서 검토할 가치가 있다. 왜냐하면 교육평가로 도출된 결과를 토대로 추후 교육 계획을 더 나은 방향으로 전환을 할 수 있으며, 추가적으로 반영해야 할 교육을 인지할 수 있도록 하기 때문이다. 이처럼 교육평가는 기업의 교육훈련 계획과 실시의 내실화를 가능하게 하며, 잘못된 방향으로 설정된 경우에는 바람직한 방향으로 전환하는 중요한 도구가 된다.

5. 인력 배치

1) 개념

인력 배치는 기업이 전략과 기업의 목표 달성을 위해 인력을 적재적소에 배치하는 것이다. 이를 풀어서 말하면 기업의 승진, 직무 이동관리, 이직관리 등을 통해 필요한 인재를 적정한 직무에 이동 및 전환

배치하는 것을 총괄적으로 일컫는 말이다.

2) 승진

인력 배치에서 승진은 해당 인재가 적정한 기간과 능력을 가지고 있는 경우에 직급을 올리는 것을 일반적으로 의미한다. 이는 직원들과 경영자들의 사기를 올리고 자아실현으로 인식되기 때문에 상당히 중요한 의미를 가진다.

기업의 승진은 위와 같이 상징적인 수단으로 활용될 수 있으므로 일정한 원칙이 확보되어야 한다. 첫째, 승진은 공정성을 가지고 있어야 한다. 둘째, 기업에서 승진은 합리성을 바탕으로 평가되고 실행되어야 한다. 셋째, 승진은 또한 유연성을 띠고 있어야 조직구성원으로부터 동의를 받을 수 있다. 예를 들어 뛰어난 능력이 있는 인재가 외부 영입된 이유로만으로 승진 대상에서 제외되는 것은 유연성을 보여주지 못하는 사례라고 할 것이다. 넷째, 기업의 승진에 있어 근본적으로 적정성을 갖고 있어야 한다. 승진을 실시한 경우에 적정하지 못한 시점이나 조직에서 일반적으로 받아들이지 못한 수준의 승진이 과도하게 집행되는 경우에는 적정성에 의구심을 품게 한다.

기업의 승진은 직원들과 경영자들에게 사기를 불어 넣어주기도 하고 동기 부여의 수단이 되기도 한다. 그러므로 기업의 승진은 위의 4가지 원칙을 바탕으로 세심하게 집행되어야 한다.

3) 직무 이동 관리

기업의 전략과 목표가 새로이 설정되거나 조직 개편에 따른 직무 이동이 되는 경우가 있다. 이러한 직무 이동을 체계적으로 실시하고 운영하는 것을 직무 이동 관리하고 한다.

직무 이동 관리는 자칫 잘못 실시되는 경우에는 직원들의 사기 저하나 직무 성과의 하락 등이 실제적으로 나타날 수도 있다. 따라서 직무 이동 관리는 직무 이동의 적합성과 인재육성 차원에서 원칙 있게 시행되어야 한다.

4) 이직관리

기업이 경쟁 우위를 확보하고 지속적으로 성장하고자 한다면 핵심 인재가 이직하지 않도록 관리하는 것은 상당히 중요하다. 따라서 다음과 같이 이직의 종류, 원인 및 대책을 체계적으로 수립하고 관리할 필요가 있다.

(1) 이직의 종류

조직구성원들이 이직하는 형태는 자발적 이직과 비자발적 이직으로 구분된다. 첫째, 자발적 이직은 직원들의 사직, 자진퇴진 및 전직이 대표적이다. 둘째, 비자발적 이직은 정년퇴직, 조기퇴직, 해고(정리해고, 징계해고) 등이 있다. 여기에서 자발적 이직에서 핵심 인재가 경쟁사에 전직하는 경우에는 기업에는 큰 손실 및 위협요소가 되기도 한다. 그러므로 기업들은 핵심 인재가 전직이나 자진퇴진, 조기퇴직 등을 하지 않도록 직원들의 불만사항이나 복지 향상에 더욱 관심을 기울여야 한다. 왜냐하면 새로운 인재를 채용하고 교육훈련을 통해 키우는 데는 더 많은 비용과 시간이 필요하기 때문이다.

(2) 이직 원인 파악

조직구성들의 이직 원인을 파악하는 것은 이직을 줄일 수 있는 방법을 찾게 해 준다. 따라서 기업의 이직률을 획기적으로 감소시키기 위해 근속 및 이직 원인을 구체적으로 파악할 필요가 있다. 즉 직원들이 기업에서 근속하는 이유로서 세부적으로 인식하는 것이 필요하다. 이직이나 전직하는 이유를 실제적으로 이직자나 전직자와 인터뷰나 설문조사 등을 통해 확인할 수 있다.

(3) 이직 대책

핵심 인재들이 지속적으로 이직하는 경우에는 기업의 경쟁력을 높이기는 매우 어렵다. 그러므로 기업은 이직률을 낮추는 것이 미래 성장을 가능케 하는 것이라고 해도 과언이 아니다.

기업이 이직률을 감소시키기 위해 현실적인 방안으로 첫째, 개인의 적성에 적합한 직무배치를 들 수 있다. 해당 인재와의 인터뷰와 의사소통을 통해 자신에게 맞는 직무로의 이동을 강구하는 것은 이직률을 낮추는 데 도움이 된다. 둘째, 체계적인 전사적 경력개발제도를 운영하여 기업의 성장과 함께 개인의 성장도 동시에 달성하도록 해야 한다. 조직구성원의 성장은 곧 기업의 성장을 의미한다. 따라서 기업은 인적자원관리의 핵심적인 사항으로 개인의 능력과 경력개발이 되도록 교육훈련 및 직무재배치 등의 적극적인 운영이 필요하다. 물론 이러한 활동들이 반드시 직원들과의 자유로운 의사소통을 기반으로 이뤄져야 부작용을 최소화할 수 있다.

6. 성과평가와 보상

1) 개념

성과평가는 기업의 경영자가 조직구성원들이 자신들의 업무에서 제대로 성과를 발휘했는지 검토하는 것이다. 성과평가의 목적은 결국 조직구성원들이 기업의 목표를 이룰 수 있도록 동기 부여를 하는 통제 수단이다.

성과평가는 현재의 업무성과, 잠재적 능력 및 업무의 유용성 등을 파악함으로써 체계적이고 종합적으로 이뤄져야 한다. 이를 위해서는 기업에서는 합리적 성과평가시스템을 구축하는 것이 전제되어야 한다.

2) 성과평가의 중요성

성과평가는 조직구성원들이 정당한 평가를 통해 기업의 더 나은 업무성과를 성취하는 것이 목적이다. 이처럼 성과평가는 기업의 운영에 있어 중요한 역할을 하기 때문에 그 중요성이 최근 더욱 부각되고 있다. 다음은 성과평가의 중요성을 요약 및 정리한 것이다.

첫째, 성과평가는 직원들의 직무수행을 분석하고 보완점을 도출하여 업무 성과의 개선을 촉진하기 때문이다.

둘째, 성과평가의 적합관계를 파악해 봄으로써 인원자원의 승진, 직무 이동 관리 등의 중요한 의사결정의 도구가 되기 때문이다.

셋째, 성과평가를 통해 조직구성원에게 필요한 교육훈련의 필요성과 핵심 정보를 제공하기 때문이다.

넷째, 조직구성원의 고충사항이나 불만사항 등을 업무 성과 평가

과정에서 접수함에 따라 경영자 차원의 경영 개선 활동에 반영이 가능하도록 한다.

다섯째, 성과평가의 과정에서 경영자와 조직구성원 간의 원활한 의사소통을 증진시키기 때문이다.

위와 같이 성과평가는 경영자와 조직구성원 간의 간극을 메우는 역할을 하고 기업 차원에서 반영해야 하는 것을 발견하게 해 준다. 또한 조직구성원들도 성과평가를 통해 도출된 부족한 부분을 발견하게 되어 향후 교육훈련 및 혁신적 업무수행으로 전환하게 한다.

3) 성과평가의 필수 요건

기업의 성과평가는 반드시 갖추어야 하는 다음과 같은 요소가 있다. 첫째, 성과평가는 타당성validity을 갖춰야 한다. 성과평가는 합리적인 방법으로 제대로 된 측정이 되도록 해야 하는 것이다. 둘째, 성과평가는 신뢰성reliability을 가져야 한다. 이는 얼마나 정확하게 측정하였는가를 의미한다. 즉, 성과평가에서 다면평가나 평가 결과 공개 등의 신뢰성이 담보되어야 하는 것을 말한다. 셋째, 수용성acceptability이 있어야 한다. 이는 피평가자들도 인정하고 평가목적에도 동의하는 것이 될 때 수용성이 있다고 본다. 넷째, 실용성practicability을 가져야 성과평가의 효용성이 있는 것이다. 이는 성과를 평가하는 데 드는 비용 대비 효익 측면에서 충분한 가치가 있어야 하는 것을 의미한다.

4) 성과평가 요소

성과평가를 위해 다음과 같이 핵심적인 요소를 일반적으로 제시한다. 첫째, 업적평가로서 업적 달성도 및 업무처리내용이 우선적으로 평가된다. 이는 성과평가의 가장 중요한 요소로 판단된다. 업적평가는 기본적으로 객관적인 평가 방법이다.

둘째, 능력평가는 피평가자의 행동이 직무수행에 충분한 능력을 견지하고 있는지 평가하는 것이다. 이는 피평가자의 평소 업무 수행함에 있어서 평가자의 입장에서 객관적 또는 주관적인 관점에서 적합한 능력을 보유하고 있는지 평가를 내리는 것이다.

셋째, 태도평가는 개인적 특성을 평가하는 것으로서 피평가자의 신뢰성, 성실성 및 회사에 대한 충성심 등의 다양한 주관적인 기준으로 태도를 평가하는 것이다.

5) 성과평가 방법

기업에서 직원들에 대한 성과평가 방법은 다음과 같이 전통적 성과평가와 현대적 성과평가로 일반적으로 구분된다.

(1) 전통적 성과평가

전통적 성과평가는 조직구성원들의 성과를 평가함에 있어서 비교적 단순하면서 평가하기 쉬운 수단을 이용하여 평가하는 것이다. 첫째, 서열법은 조직구성원 간 순위를 종합적으로 매기는 방식으로 항목별 평가점수를 부여하여 평가하는 방식이다. 둘째, 강제할당법은 피평가자를 일정한 비율로 단순하게 배정하여 평가하는 방법이다. 평가자의 주관적인 판단이 주된 평가 방법이다.

셋째, 평가척도법은 평가항목별로 다른 가중치를 부여하여 분석적

평가요소에 대해 평가자가 평가하는 방법이다. 신속한 평가 방법이기는 하지만 평가요소 선정이 어렵고 서열자료의 계량화가 쉽지 않다.

넷째, 체크리스트법은 표준행동을 구체적 문장으로 리스트화하여 채점 기준표에 따라 등급을 매김으로써 평가하는 방법이다. 이는 평가척도평가법과 달리 업무 실적, 업무 내용에 대해 계량화 가능하다는 점이 유리한 점이다.

(2) 현대적 성과평가

경영관리에서 평가 방법도 현대화되면서 크게 발전하게 된다. 그 대표적인 방법은 다음과 같이 나타낼 수 있다.

첫째, 목표관리법MBO; Management By Objectives은 피평가자는 평가자와 협의하여 목표를 산정하는 방식으로 목표관리 자체가 평가대상이 된다. 이러한 점에서 피평가자는 목표 달성을 위해 최선의 노력을 다하게 되고 목표를 달성하면 객관적으로 긍정적인 평가를 받게 된다.

둘째, 자기신고법Self-description method은 조직구성원이 스스로 자신의 업적과 자기 업무에 실질적으로 기업에 영향 등을 주관적인 관점을 일부 추가하여 평가하는 방법이다.

셋째, 중요 사건 서술법Critical Incident Appraisal은 평가 기간 동안 발생한 중요한 사건을 평가자가 서술하는 형태로서 비교적 생생한 자료가 되고 공정한 평가가 되는 장점이 있다. 하지만 중요 사건들이 공정한 평가 대상인지는 불분명한 경우가 있어 평가하기에 어려운 경우가 많다.

넷째, 균형성과표Balanced Score Card는 고객 관점, 내부 프로세스 관점, 학습 및 성장관점 및 재무관점에서 평가하는 것으로 개인 차원의 평가를 넘어 조직 차원의 성과평가체계로 발전하고 있다.

그 외에도 현대적 평가 방법은 행동기준평가법, 평가센터법 등 다양한 평가 방법으로 발전을 거듭하고 있다.

성과평가는 자연스럽게 성과 지향적인 기업문화를 생성하게 된다. 왜냐하면 기업의 전사적인 목표가 설정되면 부서별 목표가 그에 맞게 형성된다. 마지막으로 개인별 목표는 이러한 부서별 목표를 달성하는 것으로 목표가 연계된다. 따라서 성과지향적인 조직문화는 필연적으로 형성된다.

6) 보상관리

(1) 개념

보상관리는 기업의 성과평가에 따른 개인별로 금전적 또는 비금전적 보상을 하는 것을 말한다. 조직구성원들은 보상을 통한 동기 부여와 만족도를 얻게 되는 것이 일반적이다.

(2) 보상관리의 중요성

성과평가 결과에 따른 적절한 방법과 수단으로 조직구성원에게 보상하는 것은 매우 중요하다. 그 중요성은 다음과 같다. 첫째, 적합한 보상은 조직구성원들에게 동기 부여를 제공하며 만족도를 높이기 때문이다. 둘째, 합당한 보상은 미래의 인적 자원에 대한 투자가 되기 때문이다. 셋째, 경영자와 조직구성원 간의 임금에 대한 시각격차가 존재하기 때문에 상호간 적정한 수준의 보상관리를 협의하고 동의하는 것은 매우 중요하다.

(3) 보상체계의 종류

보상관리는 기본적으로 금전적 보상과 비금전적 보상체계로 구분된다. 첫 번째로 금전적 보상은 화폐로 보상이 이뤄지는 것으로 임금, 월급, 상여금, 일당 등으로 예를 들 수 있다. 또한 화폐로 보상되는 교육비 지원, 보험 가입 및 금융지원 등이 금전적 보상으로 분류된다. 두 번째로 비금전적 보상은 직무 자체에 대한 것으로 책임감, 도전감 등을 부여해 주는 것과 직무 환경으로는 좋은 작업환경, 충분한 시간 부여, 친절한 동료와 감독자 등은 비금전적 보상이 된다.

(4) 보상관리의 원칙

기업의 보상관리는 일관적인 원칙하에 이뤄져야 한다. 그렇지 않으면 조직구성원의 불만을 야기하는 경우가 상당히 많다. 이러한 점에서 보상관리의 원칙을 다음과 같이 제시하고자 한다. 첫째, 보상관리는 공정성의 원칙을 지켜야 한다. 공정한 기준과 실행으로 피평가자에게 보상이 되어야 한다. 둘째, 보상관리는 안정성을 바탕으로 실행되어야 한다. 셋째, 보상관리는 타당성을 갖춰야 모든 조직구성원의 수용성을 증대할 수 있다. 마지막으로 보상관리는 적절성을 근간으로 조직구성원들에게 적용되어야 한다. 이러한 적절한 방법과 기준으로 보상이 될 때에 조직구성원의 모두가 수긍하는 보상관리라고 인정받게 된다.

인적자원관리 성공사례

한국수자원공사는 최근 몇 년간 천당과 지옥을 오갔다. 4~5년 전만까지 수자원공사는 국내의 공기업 중 혁신을 선도하는 기업으로 상당히 유명했다.

IT를 이용한 선택형 임금피크제 도입, 다면 평가, 댐, 수도통합 운영체계 구축, 연봉제 등 성과관리 시스템 강화 등을 통하여 국내 공기업 중 혁신의 모범사례로 평가를 받았다. 다른 공기업에서는 수자원공사의 혁신 사례를 배우려고 찾아오는 일이 많았다.

그러한 결과 정부투자기관 혁신평가 1위(3회), 정부투자기관 경영평가 1위(3회)를 기록했고, 2003년에는 공공부문 경영혁신 최우수기관으로 선정되었다. 그러나 수자원공사는 2004년 위기에 직면하였다. 노조위원장과 CEO 등이 잇따라 비윤리적 사건으로 구속되는 사건이 발생하였기 때문이다.

CEO의 장기 부재는 결국 경영의 불안정을 초래했으며, 직원들마저 조금씩 흔들리기 시작했다. 또한 국내에서 유일하게 수자원 개발 및 관리, 물공급을 하는 기업이기에 생기는 자만심이 자칫 조직을 무사안일주의에 빠뜨릴 수 있는 위험에 노출되게 했다. 수자원공사는 2004년의 정부투자기관 경영평가는 결국 7위로 추락했고, 2005년의 경영 평가는 역대 최하위 수준이었고 기관 경고까지 받았다. 공기업 출범이래에 최대 위기라고 할 수 있었다. 하지만 위기를 극복하는 법을 아는 조직組織은 상대적으로 강한 조직이다. 위기를 어떻게 극복하느냐가 조직의 진정한 경쟁력이다.

2005년 9월에 취임한 곽결호 사장은 위기에 빠진 수자원공사를 구해내기 위해서 혁신을 시작했다. 곽사장은 우선적으로 기획조정실장을 팀장으로 경영개선 태스크포스팀Task force team을 구성하여 45개의 경영개선 과제를 도출하였다. 유역 통합형 종합적 물 관리 기업, 지속 가능경영을 토대로 위대한 회사로 발돋움하는 목표로 선진 기업 수준의 핵심 기술을 확보하고 경영시스템을 글로벌화하는 미래상을 제시하였다. 직원들의 불만이 큰 인사 관행을 먼저 고치기로 하였다. 전보, 승진기준 및 과정을 투명하게 공개하며, 본사 상위 직위를 개방해서 직종간 벽을 허물었다. 또한 본사 및 현장 인력교류를 활성화 했다. 이것을 위해 수자원공사는 인적자원통합시스템을 구축해 새로운 인사 패러다임을 만들기로 하였다.

수자원공사는 산업구조 근대화와 중화학 공업 육성을 위해 정부의 국토종합개발 계획에 의하여 1967년에 한국수자원개발공사라는 이름으로 탄생하였다. 창원공업단지, 소양강댐, 평화의 댐, 이리공업단지, 임하다목적댐 등이 수자원공사가 만들었다. 1988년에 현재 이름으로 상호를 변경하였다. 1996년에 정부투자기관으로는 최초 ISO 9001 품질경영시스템 인증을 획득하였다.

  1999년에 수도권 5단계 광역상수도가 완공되어 용수를 공급하기 시작하였다. 이 후 영천댐 도수로, 충주댐계통 광역상수도, 포항권 광역상수도, 밀양다목적댐, 용담다목적댐 등을 준공하였다. 2002년에 IOS 14001과 9001의 통합인증을 취득하였다. 본사는 대전광역시 대덕구 연축동 산 6-2번지에 있으며, 수돗물종합검사센터,연구소 등을 비롯하여 전국에 수질검사소와 사무소를 두고 있다.

  —디지털 데일리 2007.08.31일자 참조

국제 인적자원관리 실패 사례

삼성전자는 새로운 먹거리를 찾기 위해 2013년부터 본격적으로 미래의 신성장 기업을 인수, 합병하는 전략을 추진하였다. 그 중에서 해외 PC 시장 진출을 위해 미국의 AST 리서치에 적극적으로 인수 의지를 피력하였다.

AST 리서치를 인수한다면 컴퓨터 부품을 자체 조달이 가능하고 뛰어난 멀티미디어 기술을 확보하는 기회를 잡을 수 있기 때문이었다. 하지만 국제 인적자원관리에 미숙한 운영에 따라 결론적으로 인수를 완전하게 성공시키지 못한다. 왜냐하면 다음의 여러 가지 이유로 분석이 된다.

첫째, 삼성전자는 AST 리서치를 인수함에 있어서 2년도 되기 전에 현지 경영진을 본사의 경영진으로 전면 교체하였다. 이로 인해 AST 리서치의 현지 근로자들이 크게 반발하고 동요하였다.

둘째, 삼성전자는 AST 리서치를 인수한 후 현지 노조와의 갈등을 겪고 되었다. 이를 통해 현지 공장의 생산성은 크게 저하되었다.

셋째, AST 리서치가 인수된 이후에 현지 사정을 잘 알고 있는 전문적인 현직 직원들은 퇴사를 많이 하게 되었다. 이러한 이유로 영업전략의 부재를 불러와 미국 내 극심한 매출 감소를 경험하게 된다.

넷째, AST 리서치의 핵심기술인력과 핵심영업자원들이 대거 퇴사를 단행하게 되어 결국 삼성전자의 인수 후에 국제 인적자원관리에서 미숙한 운영으로 인해 목표로 했던 안정적인 인수 작업이 차질을 빚고야 말았다.

다섯째, 사실 삼성전자의 AST 리서치 인수에 있어 미래의 수요와 성장 가능성을 정확하게 예측하지 못한 한계를 드러내고 말았다.

이처럼 국제 비즈니스에서 국제 인적자원관리는 생각보다 훨씬 복잡하고 예상하지 못한 문제가 발생하기 마련이다. 인적자원관리의 중요성을 다시 한번 생각하게 하는 대목이다. 기업의 인적자원관리는 매우 조심스러우면서도 세심하게 다뤄야 하는 분야임에 틀림이 없다.

—시사포커스 2015.03.06일자 참조

제5장
회계와 재무관리

1. 회계 개념과 목적

기업 경영에서 회계는 쉽게 풀어서 설명하면 내부 경영자와 외부 이해관계자 및 정부기관들에게 정확하고도 명쾌하게 기업의 주요한 영업활동과 현재의 자산, 부채 및 자본을 숫자를 이용하여 보여주는 것이다.

기업에 투자하고자 하는 투자자는 기업이 제공한 회계자료를 활용하여 추가 투자를 할지 또는 자금 회수를 실행할지를 결정하는 것이다. 따라서 회계자료는 투자자들에게 결정적인 자료가 된다. 또한 내부 경영자는 회계자료를 활용하여 향후 전략을 펼쳐나가거나 중대한 의사결정을 하는 데 있어 매우 핵심적인 경영 참고 자료가 된다. 정부나 정부기관에서는 기업의 회계 자료에 대해 세금을 부과할 근거 자료가 되기도 한다. 따라서 기업의 회계보고서는 정확성, 명료성 및 충실성 등의 중대한 원칙을 구현하는 것이 핵심이다.

2. 회계 유형

기업의 회계는 크게 관리회계, 재무회계 및 세무회계로 구분이 가능하다. 따라서 다음과 같이 각각 회계자료를 간단하게 소개하고자 한다.

1) 관리회계

관리회계는 내부 이용자들을 위해 작성하는 회계보고서이다. 내부적으로 이해관계자들인 최고 경영자 또는 각 부서의 책임자는 기업의 각종 원가회계자료 및 기타 기획 자료를 요구하며, 그 자료를 바탕으로 영업활동의 개선 또는 총체적인 경영 기조를 전환할 수도 있다. 이러한 점에서 관리회계는 수시 또는 정기적으로 요청할 수도 있다.

특히 신규 투자 결정을 위하는 경우와 신규 진출한 사업 초기에 관리회계 및 기획 자료는 기업의 명운을 가르는 중대한 자료이기에 신속하고도 정확하게 현 상황을 숫자로 나타내는 것이 일반적으로 요구된다.

2) 세무회계

기업은 영업활동에서 거둔 수익에 대해 국가는 기업에 대해 합당한 기준으로 세금을 부과하게 된다. 구체적으로 국세청은 세금을 전담하는 국가기관으로 기업이 작성한 세무회계보고서를 기준으로 세금을 부과한다. 그러므로 세무회계는 국가, 국가기관(특히 국세청)에 대하여 작성하는 회계보고서이다.

세무회계는 국세법, 지방자치단체의 지방세 등의 엄격한 법규의 기준으로 작성해야 한다. 그러므로 기업은 국가의 세금 관련 법규에 대해 정확하게 인지하고 작성할 필요가 있다. 자칫 고의나 실수로 잘못 작성한 경우에는 국세청 또는 국가기관 등에 의해 과징금, 과태료 등의 징계를 당할 수 있으므로 특별한 주의를 요한다.

3) 재무회계

기업의 재무회계는 외부 이해관계자에게 현재 기업의 상태를 기업회계준칙에 따라 규정된 양식으로 보고하는 것을 말한다. 재무회계는 일반적으로 재무제표로 작성된다. 재무제표의 종류로는 재무상태표, 손익계산서, 현금흐름표, 자본변동표 및 주석이 있다.

여기에서 재무상태표는 특정 시점에서 기업의 신장과 몸무게를 숫자로 표현하는 것으로 이해하면 된다. 즉 기업의 자산, 부채 및 자본으로 특정시점에 나타낸 것이다. 일반적으로 매년말일(예를 들면, 12월 31일) 기준으로 그 기업에 산정된 자산금액, 부채금액 및 자본금액을 일정한 양식으로 작성한 것이다.

손익계산서는 기업이 일정 기간 동안 영업활동을 통해 매출과 비용을 기록하고 최종적으로 어느 정도의 수익을 남겼는지를 보여주는 회계보고서이다.

현금흐름표는 기업의 현금 유입과 유출을 한 눈에 보여주는 것으로 외부의 이해관계자가 현금의 흐름을 정확하게 볼 수 있도록 도와주는 것이다. 만약 기업의 현금 흐름에서 이상 징후가 나타나거나 납득되지 않는 상황에 대해 외부 투자자나 내부 경영자들이 진단 가능하도록 하는 회계보고서 중 하나이다. 더 자세한 재무제표에 대한 설명은 다음 항목에서 다루고자 한다.

3. 재무제표

재무회계에서 작성되는 재무제표 중에서 대표적으로 재무상태표, 손익계산서 및 현금흐름표에 대해 간략하게 다루고자 한다.

1) 재무상태표

재무상태표를 구성하는 요소는 자산, 부채 및 자본이다. 첫째, 자산은 다시 유동자산과 비유동자산으로 나눠진다. 여기에서 유동자산은 1년 이내 현금화할 수 있는 유동성이 높은 자산을 의미한다. 예를 들면 정기예금의 만기가 9개월이 남은 보통예금이 있는 경우에는 1년 이내 도래하는 자산이므로 유동성자산으로 회계 처리된다.

반면에 비유동자산은 1년 이상의 만기가 도래하는 유동성이 낮은 자산을 의미한다. 예를 들어 투자자산, 유형자산, 무형자산 및 기타비유동자산은 유동성이 상대적으로 낮고 현금화하기 쉽지 않기 때문에 회계상 비유동자산으로 처리한다.

둘째, 부채는 쉽게 말해서 기업이 금융기관이나 타인으로부터 자금을 빌린 것을 말한다. 따라서 기업이 차입한 자금은 반드시 약속한 날짜에 상환해야 한다. 이러한 측면에서 부채를 유동부채와 비유동부채로 구분한다.

여기에서 유동부채는 1년 이내 상환해야 하는 부채로서 기업에게는 상대적으로 큰 부담이다. 따라서 기업이 너무 많은 유동부채를 가지고 있다면 신용위험信用危險; credit risk이 비교적 높은 기업으로 인식된다. 예를 들면 미지급비용, 미지급금, 선수금, 단기차입금, 예수금, 충당금 등이 있다.

비유동부채는 1년 이상 만기가 도래하는 경우에 회계 처리하는 계정이다. 유동부채에 비해 비유동부채는 만기가 길어 상대적으로 기업에게는 위험의 정도가 낮다. 하지만 그 금액이 기업에서 감당할 수준을 상회하는 경우에는 신용위험이 높다고 봐야 한다. 예컨대, 비유동부채에는 임대보증금, 장기차입금, 퇴직급여충당부채, 이연법인세부채 등이 있다.

셋째, 자본은 기업을 최초 창업할 때 기업의 설립자가 자금을 기업의 밑천으로 활용한 경우에 그 금액을 자본계정으로 회계 처리하는 것이다. 자본계정의 종류에는 크게 자본금, 이익잉여금, 자본잉여금, 기타 자본구성요소(자본조정 및 기타 포괄손익)로 구분한다.

자본금은 기업에서 최초 사업의 밑천으로 사용하는 금액을 말하는 것이다. 만약 김모씨가 자신의 돈(또는 차입금)인 1억원을 밑천으로 사업을 창업하였다면, 그 금액은 자본금이 된다.

이익잉여금은 사업을 통해 이익을 다른 곳에 쓰지 않고 기업 내 자금에 놓아둔다면 다시 자본으로 돌아오게 되어 자본계정의 금액이

상승된다. 예컨대, 김모씨가 창업한 인터넷 상점에서 거두어 들인 이익을 이익잉여금으로 처리하게 되면 전체적으로 자본계정 금액은 늘어난다.

자본잉여금은 기타 자본거래를 통해 자본의 차감 또는 증가를 회계상 처리하는 것이다. 즉 자본잉여금의 감소의 경우 감소금액이 반환금액을 초과하는 금액을 의미하고, 주식발행으로 액면초과한 금액은 자본잉여금의 증가를 말한다. 예컨대 자본적 지출에 충당한 공사부담금, 보험차익, 국고보조금 및 자기주식 처분이익 등이 해당된다. 반면에 기타 자본잉여금에는 자본보전에 대한 부채면제이익과 자산증여익 등의 자본거래로 인해 발생하는 잉여금 등이 있다.

기타 자본구성요소는 자본조정과 기타포괄손익이다. 여기에서 자본조정은 특성상 소유주 지분에서 가감되어야 하거나 아직 최종결과가 미확정이라서 자본의 구성항목 중 어느 항목에서 가감해야 하는지 확인이 불가하여 회계 처리상 자본 총계에 가감하는 형식으로 기록하는 것을 말한다. 예를 들어 주식할인발행차금, 주식매수선택권, 출자전환채무, 자기주식처분손실, 자기주식 및 감자차손 등이 대표적이다. 반면에 기타포괄손익은 기업이 일정 기간 동안 자본거래를 제외한 모든 거래 또는 사건에서 인식하는 자본의 변동 금액을 의미한다. 다시 말해서 현재 당기순이익에 해당되지 않지만 최종 거래가 되는 경우에는 손익에 영향을 미칠 수 있는 항목을 의미한다. 예컨대 매도가능증권평가손익, 해외사업환산손익 및 현금 흐름위험회피 파생상품평가손익 등이 대표적이다.

〈그림 50〉은 재무상태표를 간략하게 표현한 것이다. 대표적으로 자주 사용되는 항목 및 계정을 정리하였으므로 다음의 내용을 통해 회계계정에 대해 포괄적인 지식을 갖게 될 것으로 기대한다.

재무상태표

일시: XXXX.12.31

구분	금액	구분	금액
1. 자산	–	**2. 부채**	–
1) 유동자산	–	1) 유동부채	–
현금		외상매입금	
예금		단기차입금	
매출채권		–	
유가증권		–	
–			
–		2) 비유동부채	
–		장기차입금	
–		–	
		–	
2) 비유동자산	–		
투자자산		**3. 자본**	–
유형자산		1) 자본금	
무형자산		2) 이익잉여금	
비유동자산		3) 자본잉여금	
		4) 기타 자본구성요소 (자본조정, 기타포괄손익)	
합계	–		–

〈그림 50〉 재무상태표

2) 손익계산서

손익계산서는 기업이 일정 기간 동안 영업활동을 통해 이익 또는 손실을 얻었는지를 객관적인 기준으로 작성한 보고서이다. 이를 통해 투자자들은 영업이익 또는 당기순이익의 정도와 사업활동의 영속성 등을 종합적으로 고려하여 투자 여부를 결정한다. 또한 외부 이해관계자들도 기업의 계속적인 영업활동을 통해 얻어진 결과물인 손익계산서를 포괄적으로 파악하여 자금 회수 또는 물품 납품 등의 다양한 의사결정을 위해 중요한 참고자료가 되는 것이다.

손익계산서에서 핵심적으로 인지해야 할 항목은 크게 다음과 같이 매출총이익, 영업이익, 경상이익 및 당기순이익이 있다.

첫째, 매출총이익은 매출액에서 매출원가를 상계한 금액을 말한다. 즉 매출총이익은 다음의 산식으로 산출한다. 순매출액은 기업이 일정 기간 동안 판매한 총판매금액 중에서 매출할인, 매출에누리 및 환입품액 등을 제외한 순수한 매출액을 의미한다.

매출총이익 = 순매출액 − 매출원가

여기에서 매출원가는 다음의 비교적 복잡한 식으로 계산된다.

매출원가 = 기초재고액 + 당기제품제조원가 − 기말재고액

위와 같이 매출원가를 구하기 위해서는 기초에 기업이 보유하고 있는 재고액을 파악해야 한다. 또한 당기제품제조원가를 계산하여 총합을 구한 다음 기말재고액을 상계함으로써 최종적으로 매출원가를 산출해 낸다.

여기에서 당기제품제조원가는 다음과 같이 산출함으로써 결과값을 도출할 수 있다. 당기제품제조원가를 계산하기 위해서는 기초재공품액, 당기총제조원가 및 기말재공품액을 정확하게 도출해야 한다.

> **당기제품제조원가 = 기초재공품액 + 당기총제조원가[13] – 기말재공품액**

둘째, 영업이익은 위에서 산출한 매출총이익에서 판매관리비selling and administrative expenses; S&A를 제除한 금액이다. 판매관리비는 다음과 같이 판매와 관리를 위해 사용한 비용을 총괄적으로 일컫는 용어이다. 대표적인 예는 다음과 같다.

〈표 2〉 판매관리비

계정과목	과목 설명	사례
급여	종업원(관리직원) 월급	사무실 직원 월급
여비교통비	출장 비용 처리로 회계처리	출장시 사용(숙박, 식비 등)
세금과 공과금	각종 세금 회계처리	기업소유 자동차세, 재산세 등
광고선전비	광고, 홍보 목적 사용 경비	간판 제작, TV, 라디오 광고 등
차량유지비	기업 소유 차량 경비	유류비, 오일 주유 등
도서인쇄비	신문, 잡지 구독	도서구입비, 도장 구매비 등
교육훈련비	종업원들의 직무능력향상	학원 및 교육기관 훈련비
복리후생비	종업원들의 복지 향상	경조금, 축의금 등
수도광열비	난방, 전기 사용 등	전기세, 수도세 등
접대비	고객 및 거래처 접대 등	거래처/고객과 식사비 등
수선비	건물, 기계장치 수리 등	유형자산(기계장치, 서버 등) 수리비
감가상각비	유형자산의 노후화	기계장치 감가상각비
대손상각비	매출채권의 미회수	부도어음처리, 부실매출채권상각 등
기타	보험료, 통신비 등등	관리 및 판매 목적 비용 처리

---

13) 당기총제조원가는 다음과 같은 산출 방식으로 산출한다. "당기총제조원가 = 직접노무비 + 직접재료비 + 제조간접비"를 합산한 값을 의미한다.

영업이익은 매출총이익에서 판매관리비를 제하면 산출된다. 그러므로 영업이익을 알기 위해서는 정확한 판매관리비가 어느 정도 사용되는지를 확인해야 한다. 만약 판매관리비가 과도하게 많이 사용된 경우라면 어떠한 주요한 문제가 있는지도 확인할 필요가 있다.

셋째, 경상이익은 영업이익에서 영업외수익과 영업외비용을 가감함으로써 산출할 수 있다. 여기에서 영업외수익은 영업활동으로 발생한 수익이 아닌 것으로 손익계산서에는 포함되는 수익을 말한다. 한국에서 채택하고 있는 회계기준인 K-IFRS[14)는 영업외수익으로 쓰지 않고 기타 수익 및 금융 수익 등의 명칭으로 별도로 규정하고 있다. 대표적으로 배당금수익(주식배당액 제외), 이자수익, 단기투자자산처분이익, 단기투자자산평가이익, 외화환산이익, 외환차익 등이 있다. 반면에 영업외비용은 계속영업활동에서 발생한 수익이 아닌 것이지만 손익계산에 포함되는 비용이다. 하지만 K-IFRS에 의하면 기타 비용 또는 금융 비용으로 별도 표기해야 한다.

따라서 경상이익은 다음과 같은 산출식으로 계산 가능하다.

경상이익 = 영업이익 + 영업외수익 - 영업외비용

넷째, 당기순이익은 기업의 말일까지 영업활동을 통해 도출된 법인세 금액을 상계 처리함으로써 최종적으로 산출된다. 다음 〈그림 51〉은 손익계산서를 간단하게 표기한 것이다.

---

14) Korea-International Financial Reporting Standard(한국-국제회계기준)의 줄임말.

손익계산서

기간: XXXX.01.01 ~ 12.31

과목	금액
매출액	
매출원가	−
기초제품재고액	
당기제품제조원가	
기말제품재고액	
매출총이익	−
판매관리비	
급여	
퇴직급여	
통신비	
소모품비	
수출직접비	
출장비	
영업이익	−
영업외 이익	−
이자수익	
영업외 비용	−
외환차손	
경상이익	−
법인세비용	−
당기순이익	−

〈그림 51〉 손익계산서

3) 현금흐름표

현금흐름표는 기업의 현금의 유입과 유출을 일목요연하게 나타낸 표를 말한다. 이는 회계기준에 의해 정해진 양식으로 숫자로서 모든 기업이 동일한 방식으로 표현하도록 한 것이다. 이를 통해 외부/내부 이해관계자와 공적 기관 및 투자자 등의 다양한 요구와 충분한 정보 제공을 위한 것이다.

현금흐름표에는 다음과 같이 세 가지 요소로 구분되어 있다. 첫째, 영업활동은 순수하게 영업 행위로 발생한 현금의 유입과 이자수취(납부) 및 법인세 납부(또는 환급)를 가감한 자료를 의미한다. 즉 영업활동으로 거래처 등으로부터 현금 회수를 많이 한 경우에는 현금 유입이 많아서 전체적인 합산으로 현금의 증가로 이어질 것이다. 반면에 거래처 등으로부터 현금 회수가 잘 되지 않고 법인세 및 이자 납부를 현금 유출이 훨씬 많은 경우에는 현금의 감소가 표시된다.

둘째, 투자활동은 기업이 확보하고 있던 현금을 투자목적으로 금융상품 또는 토지, 건물 등의 부동산을 매입하는 경우에 현금의 유출이 많아져 현금 감소로 이어진다. 반대로 투자목적으로 보유하고 있는 부동산 또는 금융상품 등을 매도하는 경우에는 현금 유입이 많아져 전체적으로 현금의 증가로 이어질 수 있다.

셋째, 재무활동은 기업이 금융기관으로부터 단기차입금으로 자금을 빌리거나 투자자들에게 배당을 지급하는 등의 순수한 재무활동으로 인한 현금 흐름을 기재하는 것이다. 예컨대 기업이 단기차입금을 갚는 경우에는 현금 유출이 되기 때문에 현금의 감소로 이어진다. 반면에 선수금을 거래처로 받거나 은행으로부터 장기(단기)차입금 형태로 자금을 빌리는 경우에는 현금 흐름의 측면에서는 현금 유입이 되어 재무활동의 현금 증가로 이어진다. 다음 〈그림 52〉는 현금흐름표를 간략하게 나타내고 있다.

현금흐름표

일시: XXXX.12.31

(단위 : 원)

	제 XX 기	제 XX 기	제 XX 기
영업활동현금흐름	0	0	0
영업으로부터 창출된 현금흐름			
이자수취(영업)			
이자지급(영업)			
법인세납부(환급)			
투자활동현금흐름	0	0	0
단기대여금및수취채권의 취득			
단기대여금및수취채권의 처분			
단기투자증권의 처분			
장기금융상품의 취득			
장기금융상품의 처분			
장기대여금의 증가			
유형자산의 취득			
유형자산의 처분			
무형자산의 취득			
무형자산의 처분			
보증금의 증가			
보증금의 감소			
장기선급비용의 감소			
재무활동현금흐름	0	0	0
단기차입금의 증가			
단기차입금의 상환			
유동성장기부채의 상환			
장기차입금의 증가			
선수금의 증가			
리스료의 지급			
배당금지급			
이연수익의 증가			
현금및현금성자산에 대한 환율변동효과			
현금및현금성자산의순증가(감소)	0	0	0
기초현금및현금성자산			
기말현금및현금성자산	0	0	0

〈그림 52〉 현금흐름표

4. 재무관리

1) 재무관리 개념

기업에 있어 재무관리 활동은 생명과도 같다. 왜냐하면 기업의 자금줄은 피와 같아서 효과적인 재무관리를 통해 원활한 공급이 되지 못하면 기업은 즉시 자금경색으로 때에 따라서는 기업의 부도로 이어지기도 한다. 이러한 측면에서 재무관리는 기업의 생존과도 연계된 매우 소중한 활동임에 틀림이 없다.

여기에서 핵심 사항으로 재무관리는 온전히 기업의 전략과 긴밀하게 연계되어 있다는 점이다. 예를 들어 기업 차원에서 동남아 시장에 해외직접진출의 형태로 해외공장을 건립하고자 전략을 수립하였다면 대규모 자금이 필요할 것이다. 그러므로 기업의 재무관리자는 해외진출년도에 앞서 자금 수요에 대비하여 자금 조달을 완료하는 계획을 입안해야 한다.

재무관리는 다음의 3가지 측면(재무수요 예측, 예산 책정 및 재무통제)에서 관리되고 실행된다.

(1) 재무수요 예측

재무관리 활동에서 재무의 수요를 정확하고도 효율적으로 예측하는 것은 매우 중요하다. 재무수요 예측financial demand forecast은 기업전략의 성패를 좌우할 정도로 필요하며 적재적소에 사용할 수 있도록 만드는 것은 우선적으로 고려해야 할 사항이다. 이러한 관점에서 재무수요 예측은 단기 예측과 장기 예측으로 구분한다.

첫째, 단기 예측short-term forecast은 1년 이내 자금을 소요할 금액을 산출하는 것이다. 매우 시급하게 사용할 자금이기에 충분한 자금이 확보되도록 조치하는 것이 핵심이다. 이것이 가능하기 위해서는 기업의 현금 흐름이 원활하게 잘 돌아가도록 하는 시스템 관리가 필요하다. 특히 미회수채권이 발생하지 않도록 원천적으로 고객에 대한 신용상태와 영업상황 등을 면밀하게 해당 조직구성원들과 함께 파악해 보는 것은 상당히 중요하다. 또한 고객과의 채권회수 일정 조정이나 공급처에 대한 물품대금 송금 등의 합리적인 조정이 뒷받침되어야 한다.

둘째, 장기 예측은 다소 중장기적 시점에서 대략 5~10년 사이에 투자계획이나 사업 확장 등의 주요한 전략적인 변화가 있는 지를 정확하게 확인하고 재무수요 예측을 하는 것이다. 이것이 가능하기 위해서는 기업 내 해당 부서와의 원활한 정보공유와 전략과의 연계가 필수적이다.

(2) 예산 책정

재무관리의 운영 방법으로 기업은 예산을 책정하는 방식으로 실행한다. 기업의 1년 동안 사용할 자금의 수요와 공급의 규모와 형태가 철저한 계획과 실행을 기반으로 관리하는 것이다.

예산 책정은 일반적으로 운영예산, 자산, 현금에 대한 구체적인 자금의 유입과 유출 계획을 산정해 본다. 이후에 재무관리 운영에 있어 매월 관리를 통해 계획 대비 실적을 비교한다. 예를 들어 계획대비 큰 차이를 보이는 경우에 원인을 분석하고 해당 부서의 담당자와의 회의와 협의를 통해 리스크관리를 하는 것이다. 재무관리자는 최고경영자와 해당 부서와의 협력과 협의를 통해 개선방안을 다함께 도출하는 것이다. 재무관리에서 일방적인 방식으로 하는 경우에는 조직구성원 간의 갈등이 생길 수도 있기 때문에 더욱 조심스러우면서도 합리적인 방법으로 재무관리를 해야 한다.

(3) 재무통제

앞서 언급한 바와 같이 책정된 예산을 바탕으로 실적의 사용을 면밀하게 관리하는 것을 재무통제financial control라고 한다. 재무통제를 위해서는 다음의 3가지 핵심관리 방법이 있다.

첫째, 재무통제는 예산안과 실적의 주기적 비교가 필요하다. 쉽게 말해서 매월 또는 매분기별로 책정된 예산에 대비하여 과도한 집행 내역은 없는지 확인이 필요하다. 주기적으로 관리하지 않으면 특정한 사안에 대해 관리시점을 놓칠 수도 있다.

둘째, 재무통제를 위해서는 외부 요인분석이 우선적으로 실행되어야 한다. 왜냐하면 외부의 주요 변수를 누락한 채 정확한 분석이 어렵고 진단도 정확하지 않을 수 있다. 이러한 측면에서 환율, 국제통상법, 국제정치의 변화, 금리의 변화 등의 다양한 요인에 대한 분석이 필수적이다.

셋째, 재무통제는 주기적인 관리와 외부 요인분석을 통해 재무리스크 및 관련 문제에 대한 필요한 조치를 강구해야 한다. 이러한 조치는 적시에 이뤄지는 것이 효과적이다. 또한 재무통제 방식은 반드시 조직구성원 간의 효율적인 의사소통을 기반으로 납득 가능한 방법으로 시행되는 것이 중요하다.

2) 자금 조달

재무관리에 있어 핵심적인 역할 중에 하나가 자금 조달이다. 기업
의 활동을 수행함에 있어 적재적소에 자금이 원활하게 공급되는 것은
필수적이다. 자금조달은 금융기관 또는 타인으로부터 자금을 빌리는
것(debt), 자사의 소유권을 판매하는 것(equity) 및 이익잉여금을 늘려나
가는 것(retained earnings)이다. 기업이 자금을 조달하기 위해 기업이
할 수 있는 모든 수단을 이용한다. 여기에서 기업은 자사에 가장 적합
한 방법을 찾아서 실행하는 것이다.

자금 조달의 방식은 크게 두 가지로 구분된다. 첫째, 직접조달은
기업이 자사의 주식이나 채권을 발행하는 방식이다. 다시 말해서 타
인이나 금융기관에 의존하지 않고 자사에서 직접적으로 자금을 얻는
방식을 말한다. 주식이나 채권 등에서 기업은 자금을 조달하고 반대

〈그림 53〉 뉴욕증권시장

(출처: baidu internet homepage)

급부로서 주주에게 경영의 권한을 주식수(보통주)만큼 배분하거나 채권에 대해서는 기업에서 채권이자를 지불하고 만기 시 원금을 상환한다.

둘째, 간접조달 방식은 기업이 금융기관으로부터 자금을 차입방식이 대표적이다. 즉 기업이 은행bank으로부터 신용 또는 자산을 담보로 제공하고 기업의 담보 범위 내에서 가능한 자금을 차입하는 방식이다. 너무 과도한 부채는 기업의 생존역량을 어렵게 할 수도 있으며 기업의 리스크를 키울 가능성이 높다. 하지만 합리적인 이자율로서 자금을 조달받아 성장가능성이 높은 사업에 재투자를 하는 경우에는 기업의 미래성장가치를 향상시키는 좋은 방법이 되기도 한다.

〈그림 54〉 banks in Wall street

(출처: baidu internet homepage)

분식회계: 미국 기업 엔론^{Enron} 사례

분식회계하면 그냥 지나칠 수 없는 사건을 꼽자면 단연 미국의 '엔론 사태' 이다. 엔론의 분식 규모는 13억 달러(한화 약 1조 5000억원)로 당시 분식을 주도한 경영자 Jeff Skilling은 징역 25년형을 선고받고 지금도 교도소에 있다.

엔론 사태는 여러모로 우리나라 자본시장의 현재를 비춰볼 때 시사하는 바가 매우 크다. 합리적이고 이기적인 경제주체들이 이익 극대화를 위해 최선을 다한 결과가 1조 5000억원 규모의 분식회계와 파산이었으니, 기업의 내부통제와 회계 감독이 얼마나 중요한지를 새삼 돌아보게 한다.

엔론은 우리나라의 대표적인 에너지기업 SK E&S의 전신 'SK 엔론'을 기억하는 사람들에게는 꽤 친숙한 이름이다. 엔론은 1985년 휴스턴 천연가스와 인터노스의 합병으로 탄생했는데 창업 15년 만에 포춘 500대 기업 순위 7위에 오를 정도로 고속 성장을 했다.

엔론이 고속 성장을 할 수 있었던 것은 천연가스 유통시장에 금융의 요소를 결합한 것이 한 몫 했다. 1986년 이후 천연가스 생산에 대한 가격 규제를 해제하면서 생산자와 소비자들은 들쑥날쑥한 가스값 때문에 골칫거리를 떠안았다. 이런 배경에서 엔론은 일종의 '가스 은행'을 탄생시켜 가스 생산자가 예금하듯 가스은행에 가스를 적립하고 소비자은 대출받듯 고정된 가격을 지불하고 가스를 쓴 것이었다.

엔론은 천연가스와 전기 분야에서 이런 방식의 중개 거래를 성공시킨 뒤 수도, 석탄, 광섬유, 날씨 파생상품, 신문용지 등 계속해서 새로운 사업을 벌였다. 우리말로 '문어발식 경영'에 나섰다.

회계처리 기준도 매우 공격적으로 바꿨다. 보유 자산의 가치를 원가가 아니라 시가평가 회계로 인식, 자산가치를 부풀리기 쉽게 바꿨다. 가령 미래의 어느 날 미리 정해진 가격으로 천연가스를 구입하기로 한 선물계약이 있다면, 계약에서 정한 가격을 무시하고 회사 입장에서 가장 유리한 시점의 시가로 평가해 파생상품 거래 손실을 감추었다.

엔론은 아직 발생하지도 않은 예상 이익을 미리 계산해 임직원들의 보너스를 챙겨주는 방식의 성과보상기준도 마련했습니다. 가령 새로운 천연가스

공급 계약을 맺으면 그 계약으로 얻을 수 있는 미래의 예상 이익을 계산해 이중 일부를 보너스로 지급하도록 한 것이었다. 보너스에 동기 부여된 임직원들이 굶주린 사자처럼 새로운 계약을 사냥하러 다닌 덕분에 회사는 고속 성장을 했지만, 이는 분식회계의 불씨가 되었다. 앞으로 들어올 이익은 객관적으로 측정하기 어렵기 때문에 일단 이익 규모부터 부풀려 놓고 거액의 보너스를 챙겨가기 시작하였다.

조선사나 건설사 등 우리나라의 수주기업들이 공사진행률을 부풀려 매출액을 미리 인식하고, 임원들이 거액 연봉을 받아가는 관행과 비슷합니다. 회계에서의 손익 반영을 왜 최대한 보수적으로 해야 하는지를 알 수 있다.

엔론은 또 은행으로부터 더 이상 돈을 빌릴 수 없는 상황이 되자 자산을 증권화해 시장에 매각하는 식으로 자금을 조달했다. 이른바 자산유동화증권 ABS의 개념을 도입한 것입니다. 파산 직전에 이르렀을 때 ABS 방식으로 조달한 부채는 20억 달러(2조 4000억원)이 넘었다. 이 역시도 우리 금융당국의 감시를 벗어난 상법상의 자산담보부기업어음ABCP 발행 규모가 114조 원까지 급증한 우리 현실과 많이 닮았으니 눈여겨봐야 할 대목이다.

은행에서 빌리고, ABS를 발행해 빌리고…. 엔론은 이렇게 조달한 돈을 사업에 투자했지만, 대부분 수익을 거두지 못했다. 통신에서 20억 달러, 수도에서 20억 달러, 브라질 전기·수도 사업에서 20억 달러, 인도 발전소 건설 사업에서 10억 달러의 손실을 기록했습니다.

손실은 눈덩이처럼 불어났지만, 주가는 띄워야 했다. 경영진이 스톡옵션을 보유하고 있었으니 주가는 내려선 안 되는 것이었다. 주가 부양을 위해 분식회계로 이익 규모를 부풀렸고, 주주가치가 희석되는 유상증자 대신 부채로 자금을 조달했던 것이다.

엔론은 파산보호 신청을 하루 앞두고 500여 명의 직원과 11명의 임원에게 적게는 50만 달러(6억원)에서 많게는 500만 달러(60억원)에 이르는 특별 상여금을 지급하였다. 또 최고 경영자와 감사, 사외이사들은 회계문제에 대한 보고를 받은 직후 스톡옵션을 행사하거나 보유 주식을 매각하는 등 심각한 도덕적 해이도 보여 주었다.

경제학자들은 언제나 시장의 합리성을 맹신한다. 엔론 사태를 비롯해 우리나라의 대우그룹 사태, 저축은행 사태 등 시장을 혼란케 한 분식회계 사건을 겪으면서도 여전히 시장에 대한 맹신은 버리지 못한다. 기업의 분식회계도 따지고 보면 이런 근거 없는 맹신이 문제의 근원이 아닌가 생각해 볼 따름이다.

—이데일리, 2015.08.22일자 참조

회계 핵심용어

기업에서 회계 활동을 정확하게 수행하기 위해서는 우선적으로 핵심 회계 용어를 제대로 이해하는 것이 필요하다. 따라서 다음의 중요한 핵심용어를 풀어서 설명을 하였으므로 이해하는 데 큰 도움이 될 것으로 예상해 본다.

1. 자산

기업이 소유하고 있는 미래 경제적 효익을 기대할 수 있는 자원으로 유동 자산과 비유동자산으로 구분한다. 다시 말해서 자산^{asset}은 생산 활동에 투입되어 간접적으로 미래 현금 흐름을 창출하거나 소비자 또는 다른 기업에 물품을 판매하여 현금으로 전환되어 미래 현금 유입에 기여하기도 한다. 여기에서 유동자산은 일반적으로 단기매매목적으로 보유하는 경우이며, 1년 내에 현금화될 수 있는 것을 말한다. 반면에 비유동자산은 1년 내에 현금화되기 어려운 자산을 의미하며 단기매매목적이 아닌 자산을 말한다.

2. 부채

부채^{liability}는 쉽게 말하면 기업에게는 갚아야 할 빚이다. 좀 더 학문적으로 말한다면 현재 의무는 구속력 있는 계약이나 정상적인 거래에 따른 강제적 의무이다. 예컨대 기계를 구입하면서 대금을 약정된 일자에 지불하기로 계약하는 경우에 기업에게는 강제적 지불의무를 갖게 된다. 또한 자동차 기업이 주요 부품에 대한 보증기간을 고객과 약속한 경우에도 기업은 예상되는 부품 수리금액을 부채로 인식하는 것도 포함한다.

부채는 기본적으로 유동부채와 비유동부채로 구분한다. 유동부채는 단기에 만기를 상환해야 하며, 보통 1년 이내를 기준으로 한다. 반면에 비유동부채는 1년 이상의 만기를 가진 부채를 말하며 장기적으로 갚아야 할 빚을 의미한다.

3. 자본

자본^{equity}은 일반적으로 자산에서 부채를 차감한 잔여지분이라고 한다. 이러한 잔여지분은 소유주에게 귀속되므로 자본을 주주지분 또는 소유주지

분으로 규정한다. 자본은 크게 납입자본, 이익잉여금, 자본잉여금 및 기타 자본요소로 나눠진다.

납입자본은 소유주가 출자한 금액이며, 이익잉여금은 기업의 영업활동에 따른 당기순손익에서 배당금 또는 상여금 등을 차감하고 기업에 유보하는 금액을 말한다. 자본잉여금은 기타 자본거래를 통하여 자본의 차감 또는 증가를 회계상으로 처리하는 것이다. 마지막으로 기타 자본구성요소는 자본 조정과 기타포괄손익이다. 자본조정은 특성상 소유주 지분에서 가감되어야 하거나 아직 최종결과가 미확정 상태이기에 자본의 구성항목 중 어느 항목에서 가감해야 하는지 확인이 불가하여 회계상 자본 총계에 증가 또는 감소시키는 형식으로 기록하는 것을 말한다. 기타포괄손익은 기업이 일정 기간 동안 자본거래를 제외한 모든 거래 또는 사건에서 인식하는 자본의 변동 금액을 의미한다. 예를 들어 매도가능증권평가손익, 해외사업환산손익 및 현금 흐름위험회피 파생상품평가손익 등이 대표적이다.

4. 재고자산

재고자산inventory; 在庫資産은 기업이 영업 활동과 생산 활동을 위해 보유하고 있는 자산을 말한다. 즉 기업이 물품을 고객 또는 매입기업에 판매하기 위해 보유하는 자산을 재고자산이라고 한다. 또한 기업이 생산 활동을 하기 위해 원재료 또는 반제품 등을 보유하는 자산을 재고자산이라고 인식한다. 재고자산은 기업의 형태에 따라 매우 다르게 인식한다. 예컨대 제조기업은 생산과 판매를 목적으로 소유하고 있는 원재료, 재공품 및 제품을 모두 재고자산으로 인식한다. 반면에 유통기업은 재고자산을 오직 상품으로만 판단한다. 왜냐하면 유통기업은 상품매매기업이기 때문이다.

5. 매출채권

매출채권賣出債權은 기업이 제품이나 상품을 판매함으로써 얻게 되는 반대급부로서 물품을 매입한 상대방으로부터 미래에 현금을 얻게 되는 채권을 말한다. 매출채권은 크게 외상매출금accounts receivables과 받을어음notes receivables으로 구분된다.

외상매출금은 제품을 매입당사자에게 외상으로 판매하고 일정 기간 후에 현금을 받을 수 있는 것을 말한다. 반면에 받을어음은 약속어음promissory notes 이라는 어음을 발행하여 미래 특정일(만기일)에 약속한 금액을 지급하기로 약정하는 증서이다.

만일 거래처에서 정해진 기일에 회수를 할 수 없는 경우에는 회계상으로 대손상각비貸損償却費; bad debt expense로 처리한다. 일반적으로 기업에서는 이러한 매출채권의 일부 또는 전부를 회수할 가능성이 없을 때를 대비하여 대손충당금貸損充當金; allowance for bad debts 계정으로 미리 추정한다.

6. 유형자산

유형자산有形資産; tangible assets은 물리적 실체가 있는 것으로 1년을 초과하여 보유할 것을 예상되는 자산이다. 실질적으로 기업은 생산과 영업 활동을 목적으로 유형의 자산인 기계, 토지, 건물, 비품 등을 확보한다. 따라서 기업은 이러한 자산을 유형자산으로 회계상 처리한다.

한편 유형자산은 장기간 사용하는 자산이기에 수선 및 개량을 위한 지출을 어떻게 처리하는지를 결정해야 한다. 이러한 지출은 수익적 지출과 자본적 지출로 구분된다. 첫째, 수익적 지출income expenditure은 일상적인 수선과 유지를 위한 지출을 말한다. 둘째, 자본적 지출capital expenditure은 증설이나 개량 등의 생산능력 향상 또는 내용연수를 증가시키는 지출을 의미한다.

유형자산에서 핵심적인 사항은 감가상각depreciation에 관한 것이다. 감가상각은 미래의 경제적 효익의 감소를 일정한 방법으로 배분하여 비용으로 회계상 처리를 하는 것이다. 그래서 감가상각 회계처리의 방법은 체감상각법, 정액법, 생산비례법 등이 있다. 여기에서 체감상각법은 정률법, 이중체감법 및 연수합계법 등이 있다.

유형자산의 비용과 처분에 있어서 감가상각비를 기업이 일관적으로 적용하는 회계처리원칙을 가져야 한다. 만약 10년 동안 정액법을 적용하여 유형자산의 감가상각비를 회계처리 하였다면, 특별한 이유가 없는 한 계속적으로 동일한 원칙인 정액법으로 처리해야 한다.

7. 무형자산

　무형자산intangible assets은 물리적 실체가 없는 자산으로서 비유동자산이다. 예컨대 기업이 소유하고 있는 산업재산권, 실용신안권, 특허권, 개발비 등이 대표적이다.

　무형자산은 물리적 형태가 없지만 개별적으로 매각, 교환 및 임대 등이 가능하며 다른 자산과 분리도 가능하며 분할할 수 있다. 일반적으로 내용연수가 유한한 무형자산은 합리적인 방법으로 내용연수에 따라 무형자산상각비로 상각해야 한다. 내부적으로 창출된 무형자산은 국제회계기준에 따라 기초연구 단계에서 발생한 지출은 연구비(비용)이고, 개발단계에서 발생한 지출은 미래에 확실한 경제적 이익을 창출하는 경우에는 개발비(무형자산)로 자본화한다.

제4부 기업경영의 기능별 기능 요약 정리

기업경영의 기능별 역할 수행은 매우 다양하다. 첫째, 기업 수준 전략은 기업의 전사적인 차원에서 총괄적인 성장, 유지 및 축소 전략을 수립하는 것이다. 다시 말해서 전략은 기업이 직면하고 있는 경영환경에서 경쟁자와 시장 환경 등을 종합적으로 분석하고 현재 자사의 상황을 정확하게 진단하여 기업이 추구하는 미래의 성장을 극대화하기 위해 계획을 수립하는 것이다.

둘째, 마케팅은 고객의 욕구needs를 충족시키기 위하여 노력하는 기업의 모든 활동이다. 또한 고객과 소통을 통하여 최종적으로 고객에 실효성 있는 도움과 감동을 전하는 전사적 운영 방식이다. 성공적인 마케팅을 위해 기업은 더욱 세부적이고 합리적 방법으로 마케팅전략을 구성해야 한다. 이것을 위해 기업은 영업환경에 영향을 주는 환경을 이해해야 하고 대비할 필요가 있다. 근본적으로 환경 분석은 여러 가지 측면으로 바라보아야 한다.

셋째, 생산관리는 기업의 여러 핵심적 요인을 수행하는 경영기법 중 하나이다. 생산관리의 총체적인 구성을 서술하면 다음과 같이 3가지로 요약이 가능하다.

① 생산관리계획은 경영의 실행에 있어 매우 중요한 부분 중에 하나이다. 더 자세하게 설명한다면, 생산관리계획은 시설 입지, 설비 배치, 자재소요관리, 구매 관리, 재고 관리 및 품질 관리 등을 포함한다. 이러한 활동은 기업의 핵심적인 실행 단계에서 실행되는 것으로서 기업의 성과와 생산성 등과 직접적으로 연관되는

것이다.

② 공정관리는 기업의 생산 활동을 통해 실제적으로 결과가 도출되는 과정이다. 이는 기업이 최대한 성과를 높이기 위해 생산성을 극대화하는 목적이 있다. 즉 투입 대비 산출물을 늘리기 위해 기업은 최선의 노력을 다한다.

③ 공정개선은 기업의 생산 활동 이후에 생산 실적을 평가하는 것이다. 그 평가 단계에서 도출된 문제를 분석하여 기업이 조치할 수 있는 것을 창출한다.

품질관리는 더 이상 선택이 아닌 필수가 되었다. 전사적 품질관리는 TQM^Total Quality Management라고도 일반적으로 불린다. 이는 생산 및 품질부서만이 품질을 관리하는 것이 아니라 기업의 전체 부서 및 구성원들이 전사적全社的으로 프로세스^process를 설계하고 철저하게 운영하는 품질관리를 의미한다.

넷째, 인적자원관리는 기업의 미래 성장 가능성을 가늠할 만큼 기업 경영에서 매우 중요하다. 왜냐하면 결국 기업을 운영하는 주체는 경영자이고 직원들의 역량의 총합으로 기업의 성과를 창출하기 때문이다. 이러한 점에서 기업은 기업의 인적자원관리를 위해 전략과의 일치성이 핵심이다.

다섯째, 기업 경영에서 회계는 쉽게 풀어서 설명하면 내부 경영자와 외부 이해관계자 및 정부기관들에게 정확하고도 명쾌하게 기업의 주요한 영업활동과 현재의 자산, 부채 및 자본을 숫자를 이용하여 보여주는 것이다. 기업에 투자하고자 하는 투자자는 기업이 제공한 회계자료를 활용하여 추가 투자를 할지 또는 자금회수를 실행할지를 결정하는 것이다. 따라서 회계자료는 투자자들에게 결정적인 자료가 된다. 또한 내부 경영자는 회계자료를 활용하여 향후 전략을 펼쳐나가거나 중대한 의사결정하는 데 있어 매우 핵심적인 경영 참고 자료가 된다. 정부나 정부기관에서는 기업의 회계 자료에 대해 세금을 부과할 근거 자료가 되기도 한다.

토론 문제

1. 기업의 전략에서 기업수준전략, 사업부수준전략, 기능별전략의 차이점을 설명하라.

---

2. 마케팅전략에서 환경 분석을 하는 이유와 분석 내용을 중심으로 서술해 보라.

---

3. STP전략에는 무엇이 있으며, 각각의 내용을 요약하라.

---

4. 생산관리의 총체적 구성을 3가지로 서술해 보라.

---

5. 전사적 품질관리에서 Deming의 PDCA 사이클에 대해 설명해 보라.

6. 직무분석에는 직무기술서와 직무명세서가 있는데, 차이점을 서술해 보라.

7. 회계 유형에는 관리회계, 세무회계, 재무회계가 있는데, 각각에 대해 설명하고 차이점을 토론해 보라.

8. 재무관리에서 관리되는 3가지 사항에 대해 설명해 보라.

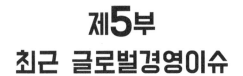

제5부
최근 글로벌경영이슈

제1장
글로벌경영환경

글로벌경제는 서로 연관되어 있고 영향을 미치는 상황에 있다. 따라서 글로벌경제에 밀접하게 연결되어 있는 국가 경제는 특별히 세계의 경제주체와 여건에 의해 영향을 더 크게 받는다. 글로벌시장에 수출을 많이 하는 국가인 경우에는 글로벌경기침체와 세계적 질병의 대유행과 같은 상황에 더 취약하고 심각한 경제상황에 직면하게 되는 것이다.

해외 진출 국가를 선정하고 비즈니스를 진행하기 위해서는 글로벌경제환경을 이해해야 하고, 이러한 세계 공통의 경제 여건을 우선 파악하는 것은 큰 의미가 있고, 세계 경제는 곧 특정 국가의 경제에 직, 간접적으로 영향을 주기 때문이다.

1. 글로벌가치사슬

글로벌가치사슬Global Value Chain의 개념은 최초로 맥킨지컨설팅에서 제안하고 하버드 대학교의 마이클 포터 교수가 발전시키면서 대중에게 널리 알려지게 되었다. 지금의 기업 운영에 있어 독자적으로 운영하는 것은 불가능하고 기업의 전반적인 활동인 상품과 제품의 설계, 구매, 생산, 유통, 판매 및 폐기의 전 과정이 통신과 운송의 발전으로 긴밀하게 연결되어 있다고 본다.

글로벌경제 운영에 있어 각 기업들은 더 나은 부가가치 창출을 위해 비교우위를 가지고 있는 공급업체를 전 세계적인 범위에서 찾으려고 노력하며, 좋은 제품과 서비스를 제공하는 기업들과 상호 연계되어 비즈니스를 영위하는 것이다. 이러한 관점에서 볼 때, 하나의 기업 활동이 붕괴 또는 지연현상을 보인다면 다른 공급받는 기업들도 직접적으로 큰 영향을 받는 것이 일반적이다. 그러므로 세계 경제는 상당히 연계되어 있고 독자적으로 비즈니스 운영을 하기에는 불가능하기 때문에 크고 작은 문제로 상호 영향을 주는 것을 기업들은 충분하게 이해할 필요가 있다.

2. 지역적 경제통합

세계 경제주체들은 이해관계에 따라 경제적 통합을 통해 이익을 극대화하거나 경쟁 우위를 확보하기 위해 노력한다. 경제통합의 형태는 그 정도에 따라 자유무역지역협정, 관세동맹, 공동시장, 경제연합 등으로 나눠진다. 자유무역지역협정FTA; Free Trade Agreement은 상호 합의하에 역내 국가 간 무관세협정 체결 또는 쿼터제^{quota} 철폐 등을 하게 되는 것이며 경제통합 단계에서 가장 낮은 단계이다. 관세동맹^{customs union}은 자유무역지역협정에 더해서 공동의 대외관세시스템을 구축하는 것으로 협정을 맺는 것을 말한다. 공동시장^{common market}은 노동, 자본, 원재료 등의 생산요소의 이동에 대한 제한 및 규제를 철폐하는 것이다. 마지막으로 경제연합^{economic union}은 상호간 경제정책의 조정 및 통합까지도 합의하는 단계를 말한다.

현재 많은 국가들은 경제연합까지 체결하기에 이르렀는데, 대표적으로 EU^{European Union}, NAFTA^{North American Free Trade Agreement} 등이 있다. 이러한 경제통합의 목적은 자국 산업의 이익 극대화와 타국에 대비하여 상대적인 경쟁 우위를 확보하기 위함이다. 이러한 지역 경제의 통합 regional bloc은 현재 더욱 가속화될 것으로 전망되며 진출국가의 분석에 있어 지역적 통합에 속한 것인지, 미래 전망도 같이 해 본다면 의미 있는 환경 분석이 될 것이다.

3. 다자간 무역협상

글로벌경제에서 다수의 국가가 참여하고 정부의 경제정책에 중대한 영향을 미치는 국제기구 및 협정 내용을 제대로 이해하는 것이 상당히 중요하다. 왜냐하면 진출하고자 하는 국가와 비즈니스 운영에 있어 절대적인 영향을 주기 때문이다.

대표적인 세계 경제 질서에 영향을 주는 기구는 세계무역기구^{World Trade Organization}이다. WTO는 1995년에 최종적으로 오랜 협상 끝에 협상이 완료되었는데, 그 전에 GATT^{General Agreement on Tariffs and Trade; 관세 및 무역에}

^{관한 일반협정}를 대체하면서 세계적으로 자유무역을 지향하면서 시장개방과 무역장벽 해소를 목표로 하는 기구이다. 이는 세계 무역 질서를 만들고 운영하는 세계적 기구로서 권위가 있는 기구이며, 세계 무역 분쟁 등의 해결을 위한 기준점이 되는 다자간 협정을 이뤄낸 세계적인 기관이다.

또한 현재 글로벌경제에 있어 탄소를 줄이고 세계온난화를 방지하기 위한 환경협정인 Green round, 파리협약(2021년 1월부터 적용) 등과 같이 세계적인 환경협정은 제품 생산, 포장과 판매 전반에 영향을 줄 수 있으므로 해외진출 시 반드시 고려해야 할 경제적 환경이다.

제2장
디지털 경영혁신

1. 개념

4차 산업혁명의 촉발로 경영혁신은 더욱 필요성이 증가되고 있다. 기업들은 IT 기술과 기존 경영혁신의 방식과 결합하여 현재까지 존재하지 않았던 디지털 경영혁신을 창출해 내고 있다.

디지털 경영혁신은 두 가지 측면에서 기존의 경영혁신과 차이를 확연히 드러낸다. 첫째, 전략과 사업 모델 관점에서 차이가 상당히 크다. 왜냐하면 디지털 경영혁신은 모바일, 인공지능, IoT 기술 등을 활용하여 전혀 새로운 전략으로 신新사업 모델을 창출하기 때문이다. 둘째, 디지털 경영혁신은 디지털 기술을 이용하여 혁신의 효율성을 현저하게 올리고 있다는 점이다.

2. 디지털 경영혁신 핵심 내용

1) 컴퓨팅 파워_{computing power}

디지털 기술은 초기하급수^{超幾何級數} 곡선으로 발전하고 있다. 그만큼 컴퓨터 성능은 급속도로 발전하고 있다. 미국의 고든 무어^{Gordon Moore 15)}는 1965년에 무어의 법칙을 발표하였는데, 이 법칙에 따르면 마이크로칩의 용량이 매년 2배씩 증가할 것이라고 예측하였다.

컴퓨터 성능은 급속도로 발전하고 있지만 컴퓨터의 구매가격은 상대적

〈그림 55〉 Gordon Moore
(출처: baidu internet homepage)

으로 낮아지고 있다. 이러한 저렴하면서도 발전된 기술을 활용하여 많은 기업들이 디지털 기술을 이용하여 클라우드, 빅데이터, 인공지능, 가상현실 등의 최신의 기술로 디지털 경영혁신을 창출해 내고 있다. 또한 기존 방식과 전혀 새로운 비즈니스 모델과 플랫폼 등을 활발하게 발전시키고 있다.

2) 네트워크 효과

디지털 경영혁신에서 가장 주목해야 하는 부분은 디지털 기술인

---

15) 고든 무어는 1929년생으로 1996년부터 길리어드 사이언스(Gilead Sciences) 이사회 이사를 역임하고 있다. 세계적인 전자업체인 Intel에서 1968년부터 1997년까지 최고 의사결정자로 일하였다.

IT 기술로 사람과 사람, 사람과 사물의 연결이 더욱 활성화되고 긴밀하게 연결된다는 점이다. 즉 모바일, 빅데이터, IoT 기술 등의 발전으로 네트워크가 더욱 활성화된다는 점이다.

네트워크가 티핑포인트tipping point를 넘어서는 순간 네트워크 효과network effect가 나타나게 되어 모든 사람, 장소 및 장비 등이 급속도로 연결되어 네트워크 가치network value가 급격하게 증가한다.

티핑포인트

티핑포인트tipping point는 1969년 노벨경제학상 수상자(2005년 수상)인 Thomas Schelling이 「Models of Segregation」 논문에서 최초로 사용한 용어이다. 그의 논문에서 특정한 지역에 이주해 오는 흑인의 인구가 어느 특정한 구역(약 20% 정도)에 다다르면 거의 모든 백인이 한순간에 이주하는 지역 사회의 한계점이 있다는 것을 언급하였다. 이러한 개념은 미국의 저널리스트인 Malcolm Gladwell에 의해 더욱 체계화되었다. 그는 모든 것이 급속하게 변화되는 전염의 특정 순간이 티핑포인트라고 하였다. 예컨대 유명한 영화배우가 특정 브랜드의 제품을 사용한 사실이 일반 대중의 입소문으로 밝혀지면 갑자기 해당 제품의 소비가 급격하게 증가하는 현상에서 변화되는 그 지점을 '티핑포인트'라고 한다.

—참고: Malcolm Gladwell(2000), "The Tipping point: how little things can make a big difference", New York: Bay Bay books.

---

3) 기술 교체 주기

디지털 기술은 현재의 주류 기술mainstream technology이다. 디지털 기술 중 하나가 발명되고 나서 새로운 기술로 대체되는 교체 시기는 매우 짧아지고 있다. 즉 새로운 형태의 디지털 기술의 개발 시기가 급격하게 줄어들고 있기 때문에 기존의 디지털 기술은 쉽고 빠르게 대체 가능하다.

사실 전기, 농기계, 산업기계 등의 기술은 새로운 기술이 개발되고 나서도 상당한 기간 동안 사용될 수 있으며, 디지털 기술이 발전하는 속도에 절대적으로 비교될 수 없다. 그만큼 디지털 기술은 개발 속도 가 매우 빠르다.

디지털 기술을 활용한 디지털 경영혁신은 기술의 진전과 함께 급격 하게 발전하고 있다. 예를 들면 구글Google은 전 세계적으로 디지털 경영혁신의 선두주자이다. 현재 구글은 디지털 기술을 활용하여 각종 VRVirtual Reality; 가상현실 관련 기술을 개발하고 연관된 기기도 인터넷으로 판매하고 있다. 〈그림 56〉은 구글이 새로운 비즈니스 모델로 사업을 확장하고 있는 VR 관련 제품을 보여주고 있다.

〈그림 56〉 Google VR 제품
(출처: baidu internet homepage)

또한 〈그림 57〉은 일론 머스크Elon Musk가 2017년에 창업한 뉴럴링크 Neuralink社의 홍보 사진이다. 뉴럴링크社는 인간의 뇌 속에 컴퓨터와 같은 칩을 심어서 AIArtificial Intelligence보다 뛰어난 인간의 뇌를 만들 수 있는지 연구하고 있는 혁신적인 기업이다. 디지털 기술로서 인간 뇌의 정보를 컴퓨터에 저장하고, 컴퓨터 정보를 인간 뇌에 심을 수 있는 것이다. 이처럼 디지털 경영혁신은 상상을 초월할 정도로 급속도로 변화하고 있다.

〈그림 57〉 Neuralink社 홍보사진

(출처: baidu internet homepage)

글로벌 자동차기업의 경영혁신 사례

글로벌 자동차 업체들이 반도체 내재화에 나서고 있다. 지난 3일 현대모비스는 차세대 소재인 실리콘카바이드를 사용한 전력반도체를 자체 개발하고 내년부터 신차에 탑재할 것이라고 발표했다. 현대차그룹은 이제까지 이 반도체를 독일의 인피니온으로부터 전량 수입해 왔다. 한편 뮌헨 모빌리티 쇼에서 폭스바겐의 최고 경영자 헤르베르트 디스는 자율주행차용 소프트웨어와 반도체를 직접 개발할 계획이라고 발표했다.

일본의 도요타는 작년 4월 덴소와 합작사 미라이즈^{MIRISE}를 설립하고 차세대 차량용 반도체를 공동으로 개발하고 있다. 미국의 테슬라는 독자적으로 개발하고 삼성전자가 위탁생산한 자율주행용 반도체 FSD를 이미 2019년부터 탑재하고 있다.

자동차 업체가 왜 반도체를 직접 개발하려고 하는 것일까. 자동차의 전동화와 자동화가 급속하게 진행되면서 반도체가 자동차의 핵심 부품이 되고 있기 때문이다. 내연기관 차량 1대에 200개 정도의 반도체가 필요하지만, 미래의 전기차와 자율주행차는 2000개 이상의 반도체가 필요하다고 한다. 최근 반도체 대란을 겪으면서 그 중요성이 더욱 깊게 인식됐다. 또한 자동차의 많은 반도체와 소프트웨어, 하드웨어를 순조롭게 잘 연결하는 것이 더욱 중요해진다. 현대모비스는 범용 반도체가 아닌 현대차의 전기차에 최적화된 전력반도체를 쓰게 되면서 소프트웨어와 하드웨어를 최적화할 수 있다고 한다. 애플과 구글이 인텔칩을 사용하지 않고, 자신이 개발한 운영시스템에 최적화된 모바일 AP 칩을 직접 설계해 쓰는 것도 같은 이치이다.

하지만 자동차 업체가 반도체를 자체 개발한다는 것은 결코 쉬운 일이 아니다. 개발 인력이나 노하우를 확보하기 위해서 많은 투자가 필요하고, 범용 반도체가 아니어서 제조원가도 높아진다. 품질에 대한 책임은 고스란히 자동차 회사의 몫이다. 기술 변화가 무척 빠르고 불확실한 상황에서 자체 개발한 반도체가 전문 팹리스(반도체 설계 전문 업체)가 개발한 것보다 뛰어나다는 보장도 없다. 특히 NXP, 인피니온, 르네사스 등 반도체 전문회사는 카메라, 레이더, 라이다 등 분야를 전문화해 고성능 자율주행용 반도체 개발에 주력하고 있기 때문이다.

결국 자동차 업체는 반도체 내부 개발과 외부 조달을 병행하는 전략이 최적이다. 전략적으로 중요하고 기술 성숙도가 초기 단계인 반도체는 집중적으로 투자해 내부적으로 개발하는 것이 유리하다. 기술 성숙도가 이미 높은 반도체의 경우 팹리스와 전략적 제휴를 통해서 맞춤형 설계를 요청하거나 공동개발을 하는 것이 더욱 효과적인 전략이다.

차량용 반도체는 미래차의 경쟁력을 가늠하는 핵심 부품이 될 것이다. 국산화율이 5% 수준인 우리나라의 차량용 반도체 경쟁력을 강화하기 위해서는 완성차 업체, 팹리스, 파운드리 회사가 전략적 협력을 모색해야 한다. 국내 중소 팹리스인 텔레칩스에서 설계한 자동차용 마이크로컨트롤러[MCU]를 삼성전자 파운드리에서 시범 생산하고, 이를 현대자동차에서 사용을 검토 중이라고 한다. 이런 협력 사례가 자동차 반도체 공급망 구축을 위한 마중물이 될 것이다.

—세계일보, 2021.09.16일자 참조 작성

제3장
글로벌공급사슬관리

1. 글로벌공급사슬관리 개념

　공급사슬관리전문가협의회Council of supply chain management professionals는 공급사슬관리를 조달, 생산, 발주, 조달 등에 관련된 모든 기업 활동의 관리, 계획 및 전체 물류 활동을 말하며, 공급기업, 유통업체, 제3자 물류업체 및 소비자 등에 이르는 총괄적 유통채널 파트너와의 조정과 협력 등을 포함한다고 정의했다.

　실제적으로 공급망은 한 국가에 한정된 것이 아니며 국가 간 형성된 유통채널이고 포괄적으로 구성된다. 더욱이 공급사슬관리supply chain management는 상호간 매우 긴밀하게 연결되어 있어야 하고 서로 정보가 활발하게 공유되어야 한다. 각 파트너社와의 신뢰trust, 상호존중mutual respect 및 협력cooperation 등이 핵심 요소이다. 공급사슬관리는 약칭으로 일반적으로 SCM으로 널리 사용된다.

2. 공급사슬관리의 핵심 기능

공급사슬관리를 운영하는 기업이 각 거래처 또는 유통망으로부터 잘못된 수요 예측과 시장에서 제한되고 왜곡된 정보에 의하여 재고량과 생산량 등을 효과적으로 관리하지 못하는 경우가 있다. 왜냐하면 공급기업과 판매기업 등의 유통망에서 상호간 연결이 제대로 되지 못하고, 정보가 상호간 효율적으로 공유되지 못하기 때문이다. 이런 복잡하고 다양한 문제의 발생으로 인해 공급사슬관리에서 황소채찍효과bullwhip effect가 나타난다. 황소채찍효과는 유통망 내의 잘못된 수요정보로 인해 판매기업도 안전재고를 가지려 노력하고, 중간유통기업도 안전재고를 충분하게 늘리려고 한다. 이로 인해 생산기업에서는 생산량이 과도하게 늘어나 최종적으로 비합리적인 증폭현상이 일어난다. 이러한 효과를 황소채찍효과라고 한다.

3. 공급사슬관리의 핵심 요소

1) 생산요소

SCM의 운영기업operating company은 생산계획과 재고관리를 위해 자재소요계획을 전체 공급사슬supply chain의 회원들members과 공유한다. 다시 말하자면 수요 예측 및 재고관리 등을 체계적으로 관리하기 위해 총괄시스템을 디지털 기술digital technology로 연결한다. 이러한 활동을 통해 신속한 정보공유와 탄력회력성resilience 등을 얻게 되어 위기관리(자재부족 및 생산중단 사태 등)에 효과적으로 대응한다.

2) 공급요소

공급사슬관리SCM에서 공급분야가 핵심적인 부분이다. 이러한 이유로 공급자관리가 대단히 중요한데, 공급자에 대한 역량 파악 또는 평가 등이 핵심 내용 및 요소이다. SCM 운영기업은 자체적인 역량점검리스트competency list로 공급자 평가evaluation for supplier를 시행하여 공급자의 납기, 구매가격 및 품질 등의 다면적인 평가를 통해 공급사슬의 유지 또는 교체 등을 결정한다.

3) 물류요소

기업이 생산 활동을 완료한 다음 최종소비자까지 배송하는 전체의 과정은 기업의 근원적인 활동이다. 그래서 판매기업, 생산기업 및 제3자 물류기업이 전체적으로 통합된 디지털시스템에 의해 실시간 확인 가능해야 한다. 또한 배송장소 및 현재 위치 등의 중요한 정보가 상호 간 공유되는 것은 필수적이다.

4) 통합요소

공급사슬관리SCM에서 가장 난해한 것은 공급사슬 안에서 기업 간

활동을 효율적으로 통합하고 조정하는 것이다. 공급사슬이 통합되기 위해서는 선제적으로 상호 신뢰와 협력하는 문화가 있어야 한다. 즉, 운영기업, 공급기업 및 판매 기업이 기본적으로 헌신commitment과 신뢰 trust 등을 기반으로 상호간 협력하는 것이 절대적으로 요구된다.

장기적으로 SCM이 성공적으로 운영되려면 공급사슬의 성과측정 supply chain performance measurement은 핵심적으로 필요한 활동이다. 성과측정 은 재고 및 판매 등의 단순한 자료가 아니라 더 세부적인 측정항목이 구축되어야 한다. 전체적으로 SCM의 전략 및 전술을 실행되기 위해 서는 운영기업과 협력기업이 지속적으로 상호 협력하고 존중해야 한 다. 이것을 가능케 하려면 SCM의 전체적인 경영활동과 전략의 조화 가 뒷받침되어야 한다.

SCM의 성공적 통합을 위해 공급사슬 내 활동의 효과적인 상호 조 정이 핵심적이다. 기업 간 통합은 상당히 어렵지만 신뢰, 헌신 등을 기반으로 한 조직문화가 기업들의 전략과 일치할 때 효율적으로 조율 되고, 장기적으로 성장할 수 있다.

4. 황소채찍효과 감소 방법[16]

글로벌 공급사슬관리에서 핵심적인 부분은 잘못된 수요 예측과 왜 곡된 정보에 의해 심각한 증폭현상인 황소채찍효과를 방지하는 것이 다. 사실 제조 기업에게는 재고가 필요이상으로 일시적으로 많아지는 것은 수익성의 저하뿐만 아니라 현금 흐름에 상당히 좋지 못한 결과

---

16) 서용원 외(2021), 『공급사슬관리』 참조.

를 가져온다. 이러한 현상에 지속적으로 노출되면 기업은 수익을 안정적으로 이끌어내기 어려워진다. 따라서 글로벌 공급사슬관리를 수행하는 기업으로서는 다음의 다양한 방법으로 황소채찍효과를 감소시키는 것이 필요하다.

1) 실시간 정보공유

황소채찍효과의 발생 원인은 근본적으로 왜곡된 정보 때문이다. 또한 정보공유에 있어서 한정적인 방법으로 이루어지는 원인에 의해서이다. 따라서 최종 수요정보를 공급사슬의 전체 구성원member에 공유하는 것이 필요하다. 이를 통해서 공급사슬 각 계층의 의사결정자들이 공유된 최종 수요정보를 기반으로 디지털 기술을 활용하여 효과적으로 의사결정이 가능하다. 이러한 방식으로 황소채찍효과를 상당히 완화시킬 수 있다.

2) 공급 부족 시 할당정책 활용

일반적으로 공급 부족이 예상되면 각 소매상들은 가수요를 산정하여 더 많은 수량을 주문하게 된다. 이런 이유로 황소채찍효과는 발생하게 된다. 따라서 이것을 예방하기 위해 제조 기업은 최종 수요정보를 활용하여 지난 판매량 및 시장점유율 등의 정보를 활용하여 공급 부족 시 제품을 할당 방식으로 배분하는 방법을 도입하는 것도 좋은 방법이다. 예컨대 HPHewlett Packard와 텍사스 인스트루먼트Texas Instrument 등이 이러한 할당정책을 도입하여 운영하고 있다.

3) 주문 처리 및 고정운송비용 절감

황소채찍효과를 줄이기 위해서는 일회 주문량을 줄이는 것이 필요하다. 왜냐하면 주문 시 마다 일정한 고정비용이 발생하기 때문이다. 주문 처리비용을 줄이기 위해서는 EDI^{Electronic Data Interchange}를 이용하는 것이 필요하다. 이를 통해 주문내역 작성 및 확인 등의 일을 줄일 수 있고, 배송 및 선적 등의 일련의 주문 처리과정의 비용을 획기적으로 절감 가능하다.

또한 일회 주문량이 너무 과도하게 많은 경우에는 FTL^{Full Truck Load} 방식의 운송을 해야 하기 때문에 한 번 운송에 따른 고정적 비용이 상승할 수 있다. 소량의 빈번한 운송을 효율적으로 혼적^{mixed truckload} 방식의 LTL^{Less-than-a-Truck Load}을 활성화할 필요가 있다. 이를 가능케 하기 위해서는 세부적인 배차계획과 운송계획이 지원되어야 한다. 또한 제3자 물류^{3rd Party Logistics: 3PL} 기업과 협력을 한다면 더욱 유연한 운송을 이뤄낼 수 있다.

4) 주문 집중 시 납기일 분산

제조 기업에 전달된 주문이 집중된다고 하더라도 제조 기업 차원에서 납기일을 분산하여 납품하는 방식을 취하는 것이다. 납기일 분산을 통해 제조 기업에 전달되는 주문량의 변동성을 직접적으로 감소시킨다. 예컨대 A 제조 기업의 경우 소매점의 주문은 생산에서 비어 있는 시간대^{time slot}를 활용하여 생산하고 배송하는 방식을 통해 납기일을 분산하는 방식이다.

5) 상시저가전략

황소채찍효과는 가격 변동에 따른 일시적인 주문량의 증가인 경우도 많다. 따라서 이를 근본적으로 예방하기 위해서는 제조 기업은 충분히 낮은 가격으로 공급하고 이를 지속적으로 유지하는 정책을 가져가는 것이 필요하다. 실질적으로 가격을 충분히 낮추고 일정 기간 유지하는 것은 판매촉진의 유연성을 잃게 되지만, 공급가격의 유지함으로써 수요량의 안정화를 가져오게 한다. 이는 운영 측면에서 효율성을 충분히 확보하게 한다.

5. 수요관리

기업의 수요관리는 고객관계관리Customer Relationship management를 통해서 일반적으로 이뤄진다. 고객관계관리에 대한 논문에서 다음과 같이 전략적 및 운영적 측면 프로세스를 설명하고자 한다(Croxton et al., 2001).

1) 전략적 측면 프로세스

기업은 고객관계관리를 위해 5가지의 전략적 측면 프로세스strategic sub-processes를 수행한다. 이를 통해서 고객으로부터 핵심 정보 및 수요를 효율적으로 관리한다.

첫 번째 단계로서 기업 수준의 전략과 마케팅 전략을 검토한다. 수요관리를 실행함에 있어서 기업의 전략을 먼저 인지해야 제대로 된 고객관계관리를 이끌어 낼 수 있다.

두 번째 단계는 고객의 유형화를 통해 기업의 고객을 인지하는 것이 필요하다. 다시 말해서 기업의 진정한 고객은 누구이며, 어느 고객을 선정할지를 결정해야 한다.

세 번째 단계로 기업은 제품 및 서비스 계약에 있어 차별화의 정도에 대한 분명한 지침guideline을 마련해야 한다. 이러한 지침은 고객 서비스 관리customer service management, 수요관리demand management, 주문이행order fulfillment, 생산흐름관리manufacturing flow management, 공급업체 관계관리supplier relationship management, 제품개발 및 상용화product development & commercialization, 반품관리returns management와 상호 연계되고 소통한다.

네 번째 단계는 측정기준을 구조화시켜야 한다. 다시 말해서 기업의 고객과의 절차에서 공유되고 파악된 정보를 어떠한 기준으로 측정하는 방법을 정해야 한다.

다섯 번째 단계로 기업과 고객 간 윈-윈win-win하기 위해 발생하는 이익에 대해 상호 공유 가능한 절차를 개발해야 한다. 즉 기업과 고객이 모두 이익을 누릴 수 있는 지침guideline을 마련한다면 지속적인 관계를 이룬다.

2) 운영적 측면 프로세스

고객관계관리의 운영적 측면 프로세스operational sub-processes는 실제적으로 제품 및 서비스 계약PSA; product and service agreement을 실행하는 절차이다. 일반적으로 프로세스는 7가지 단계로 구분된다. 첫째, 고객을 차별화해서 접근해야 한다. 이를 통해 핵심고객을 인지하고 그룹화한다. 둘째, 고객을 대응할 관리조직을 마련해야 한다. 다시 말해서 핵심

고객과의 정기적인 만남과 소통을 위해서는 전담 부서가 조직되어야한다. 셋째, 고객 전담 부서의 활동을 세부적으로 검토해야 한다. 예컨대 기업의 부서활동에 있어 구매제품, 영업성장율 및 산업 내 위치 등을 효과적으로 파악하여 더 나은 발전방향을 제시하는 것이 필요하다. 넷째, 각 전담 부서의 기회를 도출해야 한다. 예를 들어 영업, 원가 및 서비스 등에서 발전 기회를 파악함으로써 구체적으로 각 전담 부서의 성장 방법을 찾는 것이다.

다섯째, 각 전담 부서는 핵심고객이 제품과 서비스에 충분하게 만족하도록 업무성과를 개선해야 한다. 핵심고객들이 제품과 서비스에 만족할 때까지 고객과의 끊임없는 소통과 지속적인 개선계획을 실천해야 한다.

여섯째, 핵심 고객과의 정기적인 만남을 통한 제품 및 서비스 계약을 실천해야 한다. 다시 말하자면 구체적으로 기업은 고객과의 합의된 내용을 제공해야 하고 합의된 품질의 제품과 서비스가 적합하게 공급되어야 한다.

마지막으로 기업의 전담부서는 프로세스 실행의 결과를 측정하고 수익성 창출에 관한 보고서를 작성해야 한다. 즉 이 보고서는 일반적으로 각 고객별로 원가, 판매 영향, 연관된 투자 등의 광범위한 내용을 포함하고 있어 중요한 가치를 가진다.

팬데믹에 의한 공급사슬 붕괴

　전 세계적인 공급사슬 위기가 심화되고 있다. 코로나19 팬데믹(세계적 대유행) 영향으로 완성품의 생산은 부진한데, 억눌린 소비수요가 폭발하며 일부 국가에선 생활필수품조차 구하기 힘든 상황이 발생한 것이다. 운송노동자와 에너지 부족 현상은 이 같은 문제를 악화시키고 있다. 일부 경제 전문가들은 공급망 위기가 스태그플레이션(불황 속 물가 상승)으로 이어질 가능성까지 거론했다.

　2021년 10월 3일(현지시간) CNN과 가디언 등의 보도를 종합하면, 완성품 공급 차질은 세계 주요 국가들에서 동시다발적으로 일어나고 있다. 베트남은 코로나19 봉쇄 조치로 인해 반도체부터 의류 등 주요 제품의 생산에 차질을 빚고 있다. 독일 완성차 업체 오펠은 반도체 공급난에 튀링겐주에 있는 아이제나흐 공장을 내년까지 폐쇄한다고 밝혔다. 일본도 완성품의 재고 수준이 2011년 이후 최저치로 떨어졌다.

　공급난은 소비자들의 불편으로 이어졌다. 다국적 정보기술^{IT} 기업 오러클이 최근 미국 소비자 1000여 명을 대상으로 진행한 설문조사에서 응답자의 10명 중 8명은 생필품의 공급 부족을 직접 경험한 적 있다고 답했다. 향후 세계적인 공급망 위기가 자신들의 삶에 직접적인 영향을 미칠 수 있다고 우려하는 이들도 80% 이상이었다.

　세계적인 공급사슬 위기의 1차적 원인으로는 팬데믹 상황이 일부 개선되면서 발생한 공급과 수요의 불균형이 지목된다. 아시아 등 주요 생산국들에서는 방역 상황이 개선되지 않았으나, 미국과 유럽 등의 소비국에서는 봉쇄 조치가 완화되며 억눌려온 수요가 급격히 불어난 것이다. 각국 의 부양책으로 인해 유동성이 넘쳐나게 된 것도 수요 상승의 원인이다.

　제품을 운반해야 할 운수노동자들을 구하기 힘든 것도 문제다. 코로나19에 따른 노동환경 악화와 자가격리, 각국의 국경 폐쇄 등으로 운수 분야는 극심한 수급난을 겪고 있다. 특히 브렉시트(영국의 유럽연합 탈퇴) 이후 노동 이민의 문턱을 높인 영국의 상황은 심각하다. 미국에서도 트럭 운전사 부족으로 화물선 수십 척의 입항이 지연되는 사례가 발생했다.

　운송난은 에너지 부족 문제로도 이어졌다. 영국에선 기름을 나를 트럭 운전사를 구하기 힘든 데다, 소비자들의 사재기까지 겹쳐 연료가 고갈되는 주유소가 늘어났다. 당국은 이를 해소하기 위해 이번 주 군병력 투입을 예고했다.

중국에서도 최근 경기회복에 따른 생산활동 증가와 석탄 가격 상승, 탄소 감축 압박 등이 복합적으로 작용하며 전력난이 발생했다. 지난달 제조업 구매관리자지수[PMI]가 19개월 만에 최저치를 기록하며 생산활동의 위축이 우려되는 상황이다. 중국의 전력난은 세계적인 공급망 위기를 심화시키고 있다.

경제 전문가들은 수요는 많고 공급이 부족한 현재의 상황이 인플레이션(물가 상승)을 심화시킬 수 있으며, 운송난과 에너지 수급 문제는 이를 더욱 부채질할 수 있다고 지적했다. 스티븐 로치 예일대 경제학과 석좌교수는 지난달 30일 CNBC와의 인터뷰에서 "공급망 문제가 세계 곳곳으로 확산될 가능성이 커지고 있다"며 "이는 1970년대 목격한 스태그플레이션을 연상시킨다"고 지적했다.

—출처: 경향신문 2021년 10월 3일 참조

제5부 최근 글로벌경영이슈 요약 정리

해외 진출 국가를 선정하고 비즈니스를 진행하기 위해서는 글로벌경제환경을 이해해야 하고, 이러한 세계 공통의 경제 여건을 우선 파악하는 것은 큰 의미가 있고, 세계 경제는 곧 특정 국가의 경제에 직, 간접적으로 영향을 주기 때문이다. 현재의 글로벌경영환경은 글로벌가치사슬Global Value Chain과 같이 연계되어 있다. 또한 지역적 경제통합이 일반화되어 있으며, 다자간 무역협상이 활발하게 진행되고 있다.

글로벌경제는 디지털경영혁신을 통해 크게 변화되고 있다. 디지털 경영혁신은 두 가지 측면에서 기존의 경영혁신과 차이를 확연히 드러낸다. 첫째, 전략과 사업 모델 관점에서 차이가 상대히 크다. 왜냐하면 디지털 경영혁신은 모바일, 인공지능, IoT 기술 등을 활용하여 전혀 새로운 전략으로 신新사업 모델을 창출하기 때문이다. 둘째, 디지털 경영혁신은 디지털 기술을 이용하여 혁신의 효율성을 현저하게 올리고 있다는 점이다.

현재의 다국적 기업들은 공급사슬관리를 상호간 매우 긴밀하게 연결되어 있어야 하고 서로 정보가 활발하게 공유하기 최선을 다한다. 이것이 가능하기 위해서는 각 파트너社와의 신뢰, 상호존중 및 협력 등이 핵심 요소이다.

공급사슬관리의 핵심 요소는 다음과 같이 4가지로 요약이 가능하다. 첫째, 생산요소이다. SCM의 운영기업은 생산계획과 재고관리를 위해 자재소요계획을 전체 공급사슬의 회원들과 공유한다.

다시 말하자면 수요 예측 및 재고관리 등을 체계적으로 관리하기 위해 총괄시스템을 디지털 기술로 연결한다. 이러한 활동을 통해 신속한 정보공유와 탄력회력성 등을 얻게 되어 위기관리에 효과적으로 대응한다.

둘째, 공급요소이다. SCM에서 공급분야가 핵심적인 부분이다. 이러한 이유로 공급자관리가 대단히 중요하다. 공급자에 대한 역량 파악 또는 평가 등이 핵심 내용 및 요소이다. SCM 운영기업은 자체적인 역량점검리스트로 공급자 평가를 시행하여 공급자의 납기, 구매가격 및 품질 등의 다면적인 평가를 통해 공급사슬의 유지 또는 교체 등을 결정한다.

셋째, 물류요소이다. 기업이 생산 활동을 완료한 다음 최종소비자까지 배송하는 전체의 과정은 기업의 근원적인 활동이다. 판매기업, 생산기업 및 제3자 물류기업이 전체적으로 통합된 디지털 시스템에 의해 실시간 확인 가능해야 한다. 배송장소 및 현재 위치 등의 중요한 정보가 상호간 공유되는 것은 필수적이다.

넷째, 통합요소이다. SCM에서 가장 어려운 것은 공급사슬 안에서 기업 간 활동을 효율적으로 통합하고 조정하는 것이다. 공급사슬이 통합되기 위해서는 선제적으로 상호 신뢰와 협력하는 문화가 있어야 한다. 즉 운영기업, 공급기업 및 판매 기업이 기본적으로 신뢰와 헌신 등을 바탕으로 상호간 협력하는 것이 절대적으로 요구된다.

SCM이 성공적으로 운영되려면 공급사슬의 성과측정은 핵심적으로 필요한 활동이다. 성과측정은 재고 및 판매 등의 단순한 자료가 아니라 더 세부적인 측정항목이 마련되어야 한다.

토론 문제

1. 최근의 글로벌경영환경의 특성을 3가지로 요약해 보라.

2. 디지털 경영혁신의 핵심 내용을 적어보라.

3. 공급사슬관리는 현대경영에서 그 중요성이 증대되고 있는가?

4. 공급사슬관리의 핵심 요소 4가지는 무엇인가?

5. 황소채찍효과의 정의는 무엇인가?

6. 황소채찍효과를 감소하기 위한 방법은 어떤 것이 있는가?

7. 고객관계관리에는 전략적 측면 프로세스와 운영적 측면 프로세스가 있다. 두 가지 프로세스의 차이점을 요약해 보라.

참고문헌

〈외국문헌〉

Bass, B. & Riggio, R. (2006), "Transformation leadership", Psychology press.

Certo, S. & Certo, S. (2016), "Modern management", Pearson Education Limited.

Deming, W. Edward (2013), "The essential Deming: leadership principles from the father of quality", McGrow-Hill.

Jacob, F., Chase, R. (2018), "Operations and supply chain management", 15th edition, McGrow Hill education.

Kang, M. & Stephens, A. (2022), "Supply chain resilience and operational performance amid COVID-19 supply chain interruptions: Evidence from South Korean manufactures", *Uncertain Supply Chain Management*, 10(3), pp. 383~398.

Mahoney, T., Jerdee, T., & Caroll, S. (1965), "The job of management", Industrial relations, 4(2), pp. 97~110.

Nickles, W., McHugh, J., McHugh, S. (2019), "Understanding business", 11th edition, McGraw Hill Education.

Pride, W., Hughes, R. & Kapoor, J. (2019) "Foundations of business", 6th edition, Cengage Learning Inc.

Pride, W., Hughes, R. & Kapoor, J. (2022), "Foundations of business", Cengage learning Inc.

Robb C., & Kang, M., & Stephens, A. (2022), "The effects of dynamism, relational capital, and ambidextrous innovation on the supply chain resilience of U.S. firms amid COVID-19", *Operations and Supply Chain Management: An International Journal*, 15(1), pp. 1~16.

Stephen, R., Coulter, M., & Cenzo, D. (2020), "Fundamentals of management", Pearson Education Ltd.

Walton, M. (1986), "The Deming management method", A Perigee book.

Wisner, J., Tan, K. & Leong, G. (2020), "Principle of supply chain management: a balanced approach", 5th edition, Cengage learning Ltd.

〈국내문헌〉

강민효(2021), 『국제 마케팅』, 경진출판.

강민효(2021), 『스마트 국제무역실무』, 경진출판.

김성준(2018), 『인재경영, 데이터사이언스를 만나다』, 클라우드나인.

김정교·이균봉·반혜정(2018), 『회계원리』(제2판), 교육과학사.

김진한(2021), 『공급사슬관리』, 박영사.

남승록(2021), 『재무제표가 만만해지는 회계책』, 스마트북스.

박경규(2019), 『신인사관리: 노동과 자본의 통합이론』(제7판), 홍문사.

박주홍(2016), 『글로벌 인적자원관리』, 유원북스.

박하진·문재승·박계홍·장석인(2020), 『인적자원관리』, 형설출판사.

서용원·박건수·신광섭·정태수(2021), 『공급사슬관리』(개정판), 생능출판사.

이동철·한나영·이경구(2018), 『현대 경영의 이해』, 청람.

이성열·강성근·김순신(2017), 『4차 산업혁명 환경하의 디지털 경영혁신』,

McGraw Hall Education.

임창희(2020), 『인적자원관리』(제4판), 비엔엠북스.

임창희(2019), 『경영학원론』(제4판), 라온.

유재욱·이근철·선정훈(2012), 『현대사회와 지속 가능 경영』, 박영사.